KB210556

신약성경과 급진적 삶

진 에드워드

박 인 천 옮김

Copyright© 1998 by Gene Edwards
Originally published in English under the titles of ;

Beyond Radical
Are We Really Being Biblical?
 by Gene Edwards
published by Seedsowers, Christian Books Publishing House, 3545 St. Johns
Bluff Rd, #302, Jacksonville, FL 32224 USA.
All rights reserved.

Used and translated by the permission of Gene Edwards
Korean Edition Copyright©2020 Daejanggan Publisher. in Nonsan, South Korea.

신약성서적 교회의 급진적 삶

지은이	진 에드워드 Gene Edwards
옮긴이	박 인 천
초판	2020년 4월 22일
펴낸이	배용하
책임편집	배용하
등록	제364-2008-000013호
펴낸곳	도서출판 대장간
	www.daejanggan.org
등록한곳	충남 논산시 매죽헌로 1176번길 8-54, 101호
대표전화	전화 041-742-1424 전송 0303-0959-1424
분류	기독교 | 공동체 | 교회사
ISBN	978-89-7071-518-6 03230
CIP제어번호	CIP2020014106

이 책의 한국어판 저작권은 Gene Edwards와 독점계약한 대장간에 있습니다.
기록된 형태의 허락 없이는 무단 전재와 복제를 금합니다.

 값 8,000원

차 례

2부 • 우리는 정말 신약성경적인가?

1부 · 급진주의 너머의 진정한 교회

이 책은 당신이 읽게 될
가장 혁명적인 기독교문서가 될 것이다.

종교개혁보다
훨씬 더 급진적인 방식으로
현 기독교의 모든 방식에서 떠날 것을
요구하는 부르심이
여기 있다.

개신교 관행들 안엔
어떤 성서적인 기반도 존재하지 않는다.
당신이 보다시피⋯.

이제 당신에게 매우 친숙한 신앙관습과 의식들,
즉 우리 복음주의자들이 매 주일마다 행하는
그 관행들의 목록을 하나씩 추적하게 될 것이다.

* * *

우리 개신교도들이 행하는 대부분의 것들은
1세기에 시작되지 않았다.
그 훨씬 이후에 시작된 일들이다.
그 중의 어떤 것도
성경을 기반으로 출발하지 않았다.
이 관습들을 처음 만들어낸 이들 중에
하나님의 말씀을 염두에 두었던 사람은
아무도 없었다.

우리가 지금 행하는 신앙관습들이
처음에 어떻게 시작되었고
그것들이 얼마나 비성경적인지를 당신이 알게 된
이후, 첫 교회가 시작된 1세기로 돌아가고 싶은 마음이
당신 안에 솟아오르면
당신은 이미 급진주의 그 너머로 발을 내디딘 셈이다.

여기에 그 목록들이 있다.

비성경적이지만 우리가 행하는 관습들

교회건물

목사

예배순서

설교

강단

평신도

성가대

성경의 장과 절

설교직전의 성경봉독

장례

장례식 설교

주일학교

신약성경에 배열된 바울 서신들의 순서

세미나

성경공부

교단들과 선교단체들

주일오전 10시 혹은 11시에 교회에 가는 일

제단으로의 초청

 놀라지 말라. 앞에서 말한 이 모든 항목들이 "명백한 하나님의 말씀"으로 행해지는 신앙관습들이다. 하지만 이 모든 관행들이 1세기의 기독교엔 존재하지 않았다. 이것들은 그보다 훨씬 이후에 아주 괴상한 방식으로 시작되었다. 그리고 오늘 우리들은 몇 가지 괴상한 목적의 타당성을 주장하기 위해 이 관행들의 근거를 억지로 성경에서 찾아내고 있다.

이런 관행들이 어디서 흘러나왔는지 발견하는 일은 오늘 우리가 처한 이 엄청난 혼돈의 뿌리를 이해하는 데 도움을 줄 것이다. 그 다음, 당신은 한 가지 질문 앞에 서게 될 것이다.

 무슨 질문?

당신의 심장 속에서 솟아나는 바로 그 질문.

1. 우리의 관행 뒤에 숨겨진 이야기

가장 먼저, 왜 주일 오전에, 그것도 꼭 11시에 교회에 "다녀와야 하는지"에 대한 얘기로 시작해보고자 한다.

주일 오전 11시에 교회가 문을 여는 관행은 마르틴 루터로부터 시작되었다. 그는 토요일 늦은 밤까지 마을 술집에서 엄청난 량의 맥주를 들이켰다. 나이가 들수록 그가 술집에 머무는 시간은 늘어났고 이것은 그로 하여금 될 수 있는 한 아침 예배를 늦게 시작하게 만들었다. 그리고 오늘날 우리 5억의 개신교도들은 맥주 광이었던 한 독일 신학자의 관습을 아무런 생각 없이 그저 따르고 있다.

목사

생각해보자.

(1) 매 주일마다 설교를 하고

(2) 결혼식 주례를 책임지고

(3) 사람이 죽으면 혼자 설교하고

(4) 그 죽은 사람을 매장할 때도 홀로 기도하며

(5) 노부인들의 심방을 혼자 담당하는 한편

(6) 심지어 조기축구회를 시작하기 전에도 대표로 기도하고

(7) CEO들의 모임을 주관하며

(8) 집사들과 장로들을 관장하고

(9) 언제나 양복을 착용하며

(10) 때로 이상한 어투로 말하거나 기도하고

(11) 모든 회심자들에게 홀로 세례를 베풀며

(12) 이 모든 직무와 관행들이 하나님의 말씀에 기초하고 있다고 굳게 믿는 그런 사람을 당신은 신약성경 어느 곳에서 발견할 수 있는가?

당신이 가진 신약성경엔 그런 사람이 존재하는가? 그럼에도 오늘 우리의 개신교에선 바로 그런 사람이 교회의 중심에 서 있다. 목사라는 이 인물이 어떻게 우리 기독교속으로 들어오게 되었을까? 여기 그 숨겨진 이야기가 있다. 목사라는 직책이 과연 "하나님의 엄숙한 말씀에 근거"한 직책인지 당신 스스로 판단해보라.

"목사"라는 용어를 널리 퍼뜨린 인물은 교황 그레고리이다. "제사장직"을 맡은 이들의 "사목적 직무"에 관한 책을 쓰면서 그레고리는 이 목사라는 용어를 사용하였다. 에베소서에 소개되는 사역자들 목록에 단 한차례 언급되는 것 외에 이 "목사"라는 용어는 성경에 아예 등장하지도 않는다. 이 용어가 내포하는 실제적인 의미가 무엇인지도 전혀 알려진 바 없다.

로마 가톨릭의 "성직자"들이 수행할 "목양적인 직무"들을 언급하면서 교황 그레고리는 환자심방, 교리 설파, 결혼식집례, 유아세

례, 미사집전, 죽은 자를 매장하는 일, 지역의 축제행사를 찾아 축복하는 일등을 거론하였고 이것이 영원히 로마 가톨릭 성직자들의 "목양적 직무"가 되었다. 그레고리가 그렇게 말했을 뿐 성경엔 그런 직무를 가진 인물이 도무지 등장하지 않는다.

그로부터 천년 후, 그레고리가 언급한 이 직무들을 마르틴 루터가 "루터교 성직자들의 직분"안에 슬쩍 도입하였고 이 직무를 담당하는 "목사"라는 말이 점차 영어권 개신교속에 퍼지면서 가톨릭의 "사제"를 대체하는 개신교 용어가 되어버렸다. 그럼에도 1세기 문헌엔 이 "목사"라는 용어가 등장하지 않는다. 목사들이 맡아 행하는 "관행들" 역시 소개되지 않는다.

우리 미국인들은 루터가 만들어낸 이 기발한 인물을 세상 구석구석에 퍼뜨리는 역할을 해냈고 그것이 지금 우리가 마주하는 기독교 관행의 중심이 되어버렸다.

이 목사라는 존재를 떼어낸다면 현대기독교는 그야말로 존립자체를 위협받을 것이다. 사정이 그렇다할지라도 목사를 중심으로 펼쳐지는 오늘날의 모든 관행들은 어떤 성경적 기반도 확보할 수 없다는 사실에는 변함이 없다. 그렇지 않다면 1세기 기독교에서 목사라는 인물을 직접 찾아보라. 때문에 목사중심적인 신앙생활에서 떠난다는 것은 우리에게 그 자체로 이미 혁명 너머에 들어서는 일이다.

교회건물

콘스탄티누스라고 불리는 로마황제가 등장하기까지(오순절 성령 강림 후 약 3백년에 이르는 동안) 기독교신앙은 가정집에서 모임을 갖는 유일한 종교였다. 제사장이 아닌 "평신도"가 중심인 역사상 유일한 종교이기도 했다. 제도를 가지고 있지 않은 종교는 기독교가 유일했고 의식과 성전이 없는 것도 기독교가 유일했다. 그것은 인류역사에서 전무후무한 일이다. 기독교를 독특하게 만들었던 것은 바로 그 점이었다. 그런 특징이 기독교를 당당하고 탄력적인 운동으로 만들어갔고 누구나 쉽게 그 활기 넘치는 모임에 접근하도록 견인하였다. 그것은 아주 효율적인 모임이었다. 큰 비용이 들지 않았다. 그러나 콘스탄티누스가 이 모든 것을 바꾸었다.

사람이 만든 종교는 모두 다음과 같은 요소들을 구비한다.

성전

제사장

여 사제

의식

제사장들만 알 수 있는 신비한 용어들

그리고 침묵하는 평신도

이 목록들을 잘 들여다보라. 지금 우리 기독교가 가지고 있는 모든 요소들이다. (아, 한가지. 개신교에 여 사제들은 빠져있다!)

A.D. 327년(이 날을 주목하라. 기독교 역사에서 치명적인 날이기 때문이다.)에 콘스탄티누스는 19개의 기독교 건물을 지으라고 명령

했다. 콘스탄티누스 이전, 기독교가 빌딩을 건축하는 일은 결코 없었다. 그때까지 우리 기독교는 가정집에서 모임을 가졌다. (그 빌딩들이 완성된 초기, 사람들은 그것을 이방신의 신전으로 여겼다.)

열아홉 동의 이 건물들은 모두 세 장소에 지어졌다. 한 동은 베들레헴, 두 동은 예루살렘에(예수님의 탄생과, 그리고 십자가와 부활의 장소), 그리고 아홉 동은 콘스탄티노플에, 나머지 일곱 동은 로마에!

콘스탄티누스는 자신의 브랜드가치를 높이기 위해 우선 동방의 신도시에 이 건물들을 짓기 시작했다. 이곳은 그에 의해 축조된 지극히 인위적인 도시였다. 웅장한 정부 건물과 아홉 개의 기독교 건물들이 여기저기 들어서기 전, 콘스탄티노플은 사람이 살만한 도시가 아니었다. 이곳은 많은 이방신들의 신전이 자리 잡고 있던 곳이었다. 이 신전들은 사람들이 숭배하는 신이나 여신의 이름을 따서 불리고 있었다. 영혼의 한 쪽 구석이 이교도였던 콘스탄티누스! 그는 이곳의 신전들이 그 신의 이름을 따서 불리는 것처럼, 이 각각의 기독교 빌딩들 또한 누군가의 이름을 빌어 부르도록 명령했다. 그것은 바로 1세기 성인들의 이름이었다. (이때부터 성 누가교회, 성 요한 교회...등의 이름이 등장하기 시작한다. 그렇다. 이것이 바로 그 기원이다.)

같은 해, 콘스탄티누스는 7개의 기독교건물을 로마에 건축하도록 명령했다. (그 중 한 곳은 바깥쪽이 성벽으로 둘러싸인 언덕에 위치했다. 사람들은 그 언덕의 경사면을 바티칸이라 불렀다.)

이것이 바로 교회건물의 저주가 시작된 경위이다.

과연 성경적인가? 우리 개신교도들의 관행이 **정말**로 성경적인가?

그리고 이 건물들은 이후 교회로 알려지게 된다. 기독교는 그렇게 세상의 종교들과 혼합되었고 마침내 기독교 자신의 건물을 소유하게 된 것이다. 이 건물들은 원시 기독교공동체 안에 깃든 주의 영으로부터 우리를 더 멀리 표류하게 만들었다. 실제로 우리가 흔히 사용하는 '교회'라는 용어에 상응하는 말이 신약성경에 나오지 않고 있음을 생각해보면 이 사실은 더욱 뚜렷해진다. '교회'라는 단어는 그리스어 "키리아콘(kyriakon)에서 유래했는데 "주님께 속한"이라는 의미를 지닌다. 그래서 교회라는 말은 점차 **"주님께 속한 집"**을 의미하게 되었고 이 후 그 범주가 확장되어 한 교단 전체(예를 들면 성공회: Church of England)를 가리키는가 하면 특정구역에 모이는 사람들을 언급하는 데까지 나아가게 되었다. 그러나 신약성경은 오직 신자들의 공동체를 일컫는 에클레시아를 말할 뿐이다. "그녀"가 바로 살아있는 돌로 지어진 주님의 집인 것이다. **교회**라는 말이 생겨나면서부터 우리의 시선은 "살아계신 하나님"의 "살아있는 에클레시아"에서 죽은 돌로 만들어진 죽은 건물로 옮겨졌다. (우리가 속한 교단들의 신앙을 정의하는 그 신조들조차 사실 죽은 글자 외엔 아무것도 아니다.) 우리가 입게 된 데미지는 결코 쉽게 복구되지 않을 것이다. A.D. 337년 콘스탄티누스는 이 세상을 떠났다. 그리고 우리가 진정한 교회론을 확보할 가망은 더욱 멀어지게 되었다. 불행스런 일들이 연속해서 기독교신앙에 스며들었기 때문이다.

처음 기독교신앙에 소개된 신전에 이어, 일반 사람들은 그 의미를 알 수 없는 종교용어, 회중을 장악하는 제사장, 침묵하는 신도들, 그리고 거기에 부여된 여러 의식, 여사제 등이 그 뒤를 따라 소개되었다.

그로 인한 첫 교회의 상실은 우리 모두에게 엄청난 결과로 다가왔다. 이것들은 목수이신 예수에게서 비롯된 우리의 단순한 믿음에 지금껏 저주로 남아 그 자리를 지키고 있다.

강단

이탈리아의 그리스도인들이 로마에 지어진 이 빛나는 새 빌딩 안으로 걸어들어 왔을 때, 또 그리스의 신자들이 콘스탄티노플에 지어진 이 건물로 걸어들어 왔을 때, 그들은 거기에 앉을 장소가 전혀 없음을 발견하였다. 이탈리아인들은 다리가 세 개짜리 의자를 끌고 와 거기에 걸터앉았다!

다른 한편, 콘스탄티노플의 그리스도인들은 이 빌딩 안에서 이상한 광경을 목격했다. 누군가 제안하기를, 그리스도를 존경하는 표시로 모든 이들이 일어서서 의식에 참여하자는 것이었다. (이 이상한 짓을 처음 시작했던 이들의 이름은 지금 우리들에게 남아있지 않다.) 앉을 자리가 없었다. 아무런 도구도 없었다. 그냥 서 있었다. 그 결과는? 동방정교회가 그 전통을 지켜 여전히 그들의 교회에 앉을 좌석을 두지 않는다. 주일, 그들의 두 시간짜리 의식을 진행하면서 말이다! 오늘날까지 그들은 신자들의 좌석을 두지 않음은 물론 창문도 거의 없다. 이 독실한 동방정교회가 로마 가톨릭처럼 성장하지 않는 것도 전혀 이상한 일은 아니다!

(한편, 로마 가톨릭은 이후 다리 세 개짜리 의자를 벤치로 대신했다.)

그리고 종교개혁 직전엔 의자에 등받이를 설치하는 법을 발견했다. 그래서 등받이를 가진 의자와 등받이 없는 벤치가 탄생했다. 그러나 개신교가 좀 더 기발한 착안으로 독특한 평신도석을 만들어내자 서구 가톨릭은 투덜거리며 점차 등받이 없는 자신들의 벤치를 내놓고 개신교의 평신도석을 들여놓았다. (미국 가톨릭은 개신교와 경쟁하기 위해 아예 초기부터 개신교 평신도석을 들여놓았다.)

평신도석에 신약성경을 비치하고 쿠션을 놓기 시작한 것은 우리 복음주의자들의 마음이 약간 계몽된 20세기에 이르러서야 가능했다. (이로 인해 지루함과 싸우는 시간 내내 최소한 편하게 견딜 수는 있게 되었다.)

앞으로 평신도석은 어떻게 바뀔까? 누가 알겠는가? 전기에너지로 살아가는 시대이니 등받이에 전동안마기가 부착된 의자가 등장할지! 아니면 핸드마사지 기계가 장착된 평신도석? 성가대의 찬양을 입체적으로 들을 수 있도록 스테레오 이어폰이 장착된 평신도석?

한 가지 사실은 분명하다. "교회"란 여전히 어떤 건물로 인식될 것이고, 살아있는 에클레시아로서 가정에서 만나는 모임은 그리스도인들이 모이는 장소로 인정받지 못할 것이다.

성가대

맞다. 성가대라는 용어가 구약성경에 나오는 것만은 사실이다. 하지만 그 사실을 들어 우리의 성가대를 성경적이라고 정당화할 수는 없는 노릇이다. 우리가 오늘날 교회에서 보는 성가대는 역사적으로 이교도들의 신전에서 시행되던 합창단에 그 직접적인 뿌리를 두고 있다. 기독교회의 성가대가 처음 등장한 것은 콘스탄티누스의 주문으로 지어진 기독교 건물에서다. 기독교가 자신의 건물을 갖는 유행이 유럽으로 건너갔을 때 성가대는 전 세계적으로 보편화되었다. 이후의 모든 성가대들은 A.D. 400년경, 암브로시우스(Ambrose)라는 감독의 지도아래 완성된 이탈리아 밀라노의 성가대를 본 따 구성되었다.

설교단

설교단(강대상)은 기독교이전의 산물인 동시 이교도에 그 기원을 두고 있다. 신전 안에 서 있던 이교도 제사장이 신전 난간에 둘러서 있던 이교도들에게 뭔가를 전달하기 위해 난간과 연결된 통로로 걸어 나올 때 대중들과 완전히 구별된 이 장치를 설교단(ambo)이라 불렀다. 일반 회중과 구별되어 있음을 나타내는 이 단어 혹은 유사 용어들은 유럽인이 사용하는 대부분의 언어에서 어렵지 않게 찾아볼 수 있다. (예를 들면, 로마 가톨릭교회의 성서대(lectern)-루터교회도 여전히 사용하고 있는 보조 설교단-는 독일어로 설교단(ambo)이라 불린다. 강단을 의미하는 영어의 펄핏(pulpit)과 이탈리아어 펄피토

(pulpito)는 공연하는 사람들을 위해 높이 세운 연단을 언급하는 후기 라틴어 펄피텀(pulpitum)에서 파생된 말이다. 설교단을 의미하는 독일어 칸젤(kanzel)은 영어의 성직자석(chancel)처럼 후기 라틴어 캔설러스(cancellus)에서 파생되었는데 울타리를 쳐서 나눠놓은 영역을 의미한다. 설교단을 지칭하는 프랑스어 라체어(lachaire)는 "권위 있게 가르치는 좌석"이란 의미를 가진 라틴어 주교석(cathedra)에 그 어원을 두고 있다. 이 모든 용어들이 공동체내의 일반 구성원들을 격리시키고 원시 기독교와 사뭇 이질적인 생각을 표현한다는 사실은 분명하다.)

초기 기독교 건물인 바실리카(basilicas)는 바로 이런 이교도 신전의 구조로 배치되었다. 다른 점이 있다면 이교도 신전의 밖에 있던 설교단을 이젠 교회 건물 안에 두었다는 점이 다를 뿐. 그 설교단은 주변의 난간들과 연결된 연단(platform)이었는데 다른 부분보다 높이 올린 두 지점(the ambos)이 있었다. 둘 중에 더 높은 연단은 복음서와 서신서를 낭독하는데 사용되었다. 어떤 면에서 그것은 성경만 읽고 내려오는 사람과 설교자 사이의 구분을 두기 위해 사용되곤 했다.

11세기 초에는 대들보위에 단지 하나의 설교단만 배치하는 것이 관례가 되었는데 이것이 오늘날 우리에게 친숙한 설교단의 실체이다.

세기를 거슬러 내려와 개신교가 북유럽을 점령했을 때(복음이 아닌 칼로) 이 오래된 가톨릭교회 건물을 넘겨받게 되었다. 그들은 사제들이 마술을 펼치듯 미사를 진행하던 그 신성불가침 영역을 훼손하였다. 그러나 딱 거기까지였다. 훼손하는데 그쳤을 뿐 변화는 일어나지 않았다. 현대에 이르러 특별히 대들보(pillar)위에 세워졌던 그 당시의 설교단은 이젠 건물 앞쪽으로 끌려 내려와 중앙이나 한쪽 구석에 위치하고 있다.

제단(altar)이 없는 교회들의 경우 설교단은 항상 건물 앞쪽의 중앙에 배치되는데 가톨릭교회가 미사를 중심에 두고 강조했던 것에 대응해 설교단 가운데에 커다란 성경책을 비치하고 있다. 성경 가르치는 것을 중심에 놓겠다는 의미이다.

설교

설교를 기독교 메시지와 착각하지 마시라. 언뜻 큰 차이가 없어 보이지만 그 차이는 실로 엄청나다.

기독교가 존재하기 훨씬 이전부터 설교가 있었다. 아리스토텔레스라는 한 이방인 철학자가 있었다. 그는 여러 과목을 가르치고 있었는데 그 중에 수사학이라는 과목, 즉 어떻게 연설을 잘 할 수 있는지에 대해서도 가르쳤다. (그리스어로 수사학은 설교의 예술을 뜻한다.) 아리스토텔레스 이전부터 설교는 그리스인들의 무한한 사랑을 받았다. 아리스토텔레스는 이 설교를 예술의 경지로 끌어올렸다.

그리스-로마인들에게 훌륭한 설교를 구사하는 능력은 인기를 얻는 보증이었다. 오늘날 표현으로 훌륭한 연설가는 그 당시의 영화배우였다.

수사학에 대한 아리스토텔레스의 강의는 설교에 대한 여러 영역을 다루고 있지만 그가 말하는 핵심주제는 이것이다. 좋은 설교란 (1) 인상 깊은 도입부분과 (2) 몇 가지의 핵심 논점, 그리고 (3) 마지막 결론을 가지고 있어야 한다는 것이다.

그러나 초대교회 신자들 중에 그런 사상은 존재하지 않았다. 대부분이 문맹자였던 1세기 신자들은 연설을 잘하는 방법과 같은 것에 전혀 관심이 없었다. 1세기 그리스도인들에게 있어 연설이란, 모임에서 자신도 모르게 갑자기 튀어나오고, 자연스러우며, 그리고 절박하다는 특징을 가지고 있었다. 그것은 특출한 사람의 어떤 수업을 받고나서 구사하는 웅변이 아니었다. 완전한 몸을 이룬 신자들의 공동체에서 자신도 모르게 뿜어져 나오는 메시지였다.

당신이 매 주일 듣는 설교는 아리스토텔레스의 웅변술에 기초를 둔 연설이다. (그런데 설교학을 가르치는 신학교 교수들도 대부분 이런 사실에 대해 아는바가 없다.)

그렇다면 이교도적인 이 연설법이 어떻게 기독교 신앙 속으로 스며들었을까?

A.D. 400년경, 역사상 가장 위대한 이교도 웅변가 중 한 사람인 요한 크리소스톰(John Chrysostom, 달변가 요한)이 기독교 신자가 되었다. 그가 아리스토텔레스의 수사학과 설교 기술을 기독교 안으로 들여왔다. 그는 자신의 뛰어난 말 재주로 안디옥과 시리아 전 지역의 사제들을 한 순간에 사로잡았다. 안디옥 지역의 모든 도시가 결국 그의 웅변술에 녹아들었다. 그 메시지들은 스타일, 전달하는 방

법, 구조, 심지어는 그 내용 중의 상당 부분까지 이교도들의 연설법과 **매우** 유사했다. (그것은 당신이 지난 주일오전 들었던 설교와도 비슷할 것이다.)

아리스토텔레스의 웅변조 설교를 우리에게 가져왔을 뿐 아니라 **주일 아침 오전의 설교전통**, 즉 **매주, 똑 같은 사람, 똑 같은 장소, 똑 같은 시간**에 전달되는 주일설교를 우리에게 선물한 사람이 바로 이 요한 크리소스텀이다.

지금 우리가 살펴보는 것은 설교와 주일 예배의식의 기원에 관한 것이지만 요한 크리소스텀은 이것 말고도 "목회사역의 중요한 직무"중 한 분야를 가톨릭 사제들에게 선물했다. 그 직무란 바로 평신도들을 교육하는 일인데 이 전통은 더욱 발전하여 오늘날 개신교 목사들의 중심 사역이 되었다. 오늘날 개신교 목사들은 가톨릭 사제들의 7가지 **사목적(목회적)** 직무를 살짝 변형시킨 수정판을 가지고 자신들이 열심히 뛰고 있다는 사실을 모르고 있을 것이다.

매 주일! 항상 동일한! 한 사람이! 우리에게 설교를 쏟아놓는 목회사역의 그 원천이 바로 여기에 있는 것이다. 다음 주일 설교를 들을 때 이 기원을 기억하고 있으라.

그리스-로마시대의 웅장한 웅변을 들을 수 있는 지구상 유일한 장소는 주일설교가 펼쳐지는 자리이다!

우리 복음주의자들이 "신약성경만"을 따르고 있다는 주장은 진정 맞는 주장인가? 신약성경 외엔 아무것도 따르지 않는다는 그 주장이 사실인가?

장례식

요한 크리소스텀이 이교도로 있을 때 죽은 사람을 놓고 연설하는 이교도식 관습을 오랫동안 행했기 때문에 크리스천 연설가가 된 후에도 그는 이 관행을 계속했다. 죽은 자를 놓고 설교하는 그 관행은 그래서 "기독교" 장례식 속에 들어오기 시작했다. 죽은 기독교인 신자를 앞에 두고 설교할 때 우리가 사용하는 말들은 이교도들이 죽은 자를 앞에 두고 연설할 때 사용하는 말들의 우리식 표현이다. 이교도 철학자들의 장례식 연설, 요한 크리소스텀의 장례식 연설, 그리고 기독교 장례식 설교를 차례로 들어보라. 그 내용, 그 의식을 이끌어가는 스타일이 거의 유사할 것이다. (신약성경적인 삶을 고집하는 우리 복음주의자들이 말이다!)

설교 전에 성경을 봉독(낭독)하는 관행

이 관습은 우리 기독교인들에게 너무 절대적이어서 성경을 낭독하지 않고 메시지를 전하거나 듣는 것은 상상할 수조차 없을 정도이다. 그럼에도 이 관습은 이교도에 그 기원을 두고 있다! 이교도 웅변가들이 연설하기 위해 그리스 원형극장의 무대 위로 걸어 나올 때 그들은 다소 이상한 절차를 거쳤다. 이상한 절차이긴 했지만 그가 왜 그런 의식을 행하는지 사람들은 짐작할 수 있었다.

연설가는 먼저 무대 중앙으로 걸어와서 등을 청중 쪽으로 돌린 후 입고 있는 가운으로 자신을 가렸다. 그 다음 다시 돌아서 청중 들을 바라보며 두루마리를 펼쳤다.

두루마리라고? 그렇다. 한 권의 문서. 무슨 문서? 그것은 보통 호머(Homer)나 다른 유명한 그리스 작가들의 작품 중 하나였다.

그것이 전부가 아니다. 호머나 다른 유명한 그리스·로마 작가들이 쓴 문서들은 아주 세심하게 장(章)과 절(節)로 구분되어 숫자로 표기되어 있었다!

이교도들의 이런 관습이 기독교 신앙으로 옮겨왔다. 신약성경을 장과 절로 구분하는 것은 그리스·로마의 관행에서 따온 것이었다. 설교를 하기 전에 먼저 성경을 읽는 관습은 그렇게 우리가운데 들어왔다. 이 모든 관습들이 대략 A.D. 400년-500년 사이에 기독교 안에 유입되었다.

이교도적인 성가대를 배경으로, 이교도에게 영감 받아 배치한 평신도석에서 다만 듣는데 익숙해진 신자들에게 이교도에게 전수받은 강대상을 앞에 두고 기독교 메시지를 전달해보라! 단 설교하기 전 신약성경의 장과 절을 읽지 말고!

자리를 박차고 나가버리는 사람이 있을지도 모른다. 그들이 교회 건물(사실은 이교도에게 영감 받아 건축한 빌딩)밖으로 나가버리는 이유는 분명하다. 그리스인들의 숨결이 살아 숨 쉬는 웅변식 설교를 시작하기에 앞서 성경의 장과 절을 읽지 않았으므로 당신이 성경적으로 보이지 않기 때문이다.

설교에 앞서 성경을 읽는 관행은 그리스 원형극장에서 펼쳐진 웅변에 그 뿌리를 두고 있다.

성경적인 사람이 되려는 분들에게 이 성경의 장과 절에 대해 꼭 말해주고 싶은 것이 있다. 어느 날 당신의 자녀들이 당신에게 이렇게 말할지도 모른다. "성경을 장과 절로 나눠 숫자로 표기한 것이야말로 우리들에게 가장 큰 폐해였어요!" 왜? 살아있는 "한 편의 말씀"을 조각내 거기에 숫자를 붙인 후 필요에 따라 그것을 오려내는 이 이교도들의 관습이 당신의 자녀들로부터 1세기 기독교 문서가 담고 있는 전체 그림을 빼앗아 가버렸기 때문에!

*   *   *

이쯤에서 잠시 멈추고 숨을 돌려보자.

기독교와 복음주의 신앙의 문제점은 그 가르침에 있지 않고 관행에 있다는 말이 폭넓게 회자되어 왔다.

우리 복음주의의 관행은 어느 날 우연히 우리 가운데 스며들어 고착된 것들이다. 그것은 사실 1세기 그리스도인들의 경험과 전혀 무관한 것들이다. 우리가 지금 행하는 대부분의 관행들은 (1) 우연히 시작되었고, (2) 이교도 신앙에 뿌리를 두었으며, (3) 콘스탄티누스 시대 아니면 종교개혁시대에 출현한 것들이다.

실제로 우리가 행하는 대부분의 것들이 기독교 역사가운데 연고 없이 시작되었거나 이교도들로부터 전수받은 관행인 셈이다.

당신이 구원받은 이후, 이 관행들을 지속해왔다는 사실을 생각해보라.

변혁이 필요하지 않겠는가?

복음주의 신앙의 관행들과 그 역사적인 뿌리를 조금 더 살펴보자. 상황은 당신이 생각했던 것 이상으로 좋지 않다. 훨씬 더!

2. 몇 가지 심각한 문제들

신약성경이 도저히 지지해줄 수 없는 일을 하면서도 "신약성경적인 일"이라 주장하는 것들이 얼마나 많은지, 또 그런 주장에 근거하여 우리가 얼마나 많은 일들을 해내고 있는지 알게 되면 놀랄 수밖에 없다. 비 성경적일 뿐만 아니라 해롭기까지 한 이런 관행들이 "우리는 성경적이어야 한다." "우리는 신약성경을 따라야 한다." "우리는 하나님의 말씀 앞에 순종해야 한다."는 구호가운데 강제되어진다.

이것은 정말로 무서운 일이다. 실제는 이교도에 그 뿌리를 두고 있음에도 우리는 어떡해서든 이 관행들의 근거를 신약성경에서 찾아내고 있다. 아! 독자들이여. 이것은 **정말로** 무서운 일이다. 우리는 우리가 행하는 **이 모든 일들의 근거를** 신약성경에서 찾아내고 있다!

정말이지 거기엔 그런 것이 없음에도 우리는 그것들을 거기서 찾아내는 것이다.

우리 개신교가 행하는 관행들의 목록을 우리는 앞에서 이미 살펴보았다. 우리는 이 목록에 나오는 대부분의 관행들을 매일 매 주일 행동으로 옮기고 있다. "성경적"이라고 주장하는 이 관행들의 뿌리가 무엇인지 확인하고 나서 부디 당신의 존재 기반이 흔들리기를! 하지만 더 중요한 것은, 우리로 하여금 이런 억지 주장들의 근거를 성경에서 찾아내도록 강제하기 위해 우리 복음주의의 수장들이 무슨 일을 벌이는지 아는 것이다. 대체 이 정신 나간 짓을 가능케 하는 사고방식의 정체는 무엇일까?

신학교

우리가 하나님의 말씀을 배우는 중심 현장중의 하나가 신학교이다. "하나님의 말씀 앞에 순전해야 한다."거나 "우리는 신약성경을 따라야 한다." 그리고 "성경으로 돌아가자"는 가르침을 받는 장소도 여기다. 하지만 신학교수 중 아무나 붙잡고 물어보라. "그런데 신학교의 뿌리는 무엇입니까?" 아마도 그는 당신에게 아무런 대답도 주지 못할 것이다. (행여 신학교가 성경적이냐는 질문까진 하지 마시라! 그리고 절대로 그 분에게 신학교를 폐지하는데 앞장서 달라고 부탁하지도 마시라!)

신학교의 뿌리는 무엇일까? 그것은 정말 성경적일까?

그렇지 않다. 그것을 발명해낸 주인공은 가톨릭이다.

어디서?

이탈리아 남부에서.

언제?

교황에 의해 소집된 한 회의에서.

그 회의의 목적은 마르틴 루터와 그의 종교개혁을 철회시킬 방법을 강구하는 것이었다. 회의에 참석한 사람들은 로마 가톨릭을 개혁

할지, 그대로 존속시킬지를 논의했다. 이후 18년 동안이나 회의가 지속되었지만 아무런 성과를 내지 못했고 다만 얻어낸 발명품 하나가 바로 신학교였다. 트렌트 종교회의! 1545년부터 1563년까지 열린 이 회의에는 감독, 추기경, 교황 등이 참석하였다. 그리고 회의가 거의 막바지(1562년 1월-1563년 12월)에 이르렀을 때쯤 이 신학교라는 발상이 제안되었다.

신학교에서 추종하는 커리큘럼(가톨릭이 그것을 발명해 낸 후 곧바로 개신교도 이를 뒤따라 만들어냈다)은 이미 중세에 출현한 대학에서 사용하던 커리큘럼을 모방한 것이었다. 신학은 초기 대학들의 핵심 커리큘럼 중 한 부분으로 존재하던 것이었다.

트렌트 종교회의는 기존의 대학 커리큘럼에서 성직자과정을 별도로 떼어내는 것이 지혜롭다고 여겼다. 그리고 그 교과과정은 여전히 플라톤과 아리스토텔레스 때 고안된 커리큘럼을 유지하고 있었다.

성경학교

1800년대 말, 무디(D.L. Moody)라는 사람은 신학교에 들어가기 전 모든 이들이 대학에 가야만 하는 과정이 그리스도인들에게 꼭 필요한가를 고민했다. 그리고 그가 시카고에 처음 개설한 학교가 바로 성경학교였다. (이 학교는 젊은 남녀들이 고등학교를 졸업하고 곧바로 신학적인 훈련을 받도록 해주었다.)

그럼에도 성경학교들은 유럽 대학들에 의해 개발되어온 가톨릭-

개신교의 교과과정을 답습했고, 1100년-1550년대 번창했던 이 유럽의 대학들이 따른 패턴은 B.C. 4세기, 아리스토텔레스의 아카데미에 의해 고안된 것들이었다.

주일학교

미국엔 고가의 주일학교 빌딩들이 즐비하다. 매우 사치스러운! 이 대단한 건물들과 그 안의 수많은 공간들이 한 주에 단 2시간 정도 사용되고 나머지 166시간은 텅 비어있다. 그것들은 인간에 의해 건축된 건물들 중 가장 사용이 안 되는 빌딩들이다. (그토록 사용되지 않기로 소문난 교회 빌딩보다도 더 심하다.) 1800년대 말, D.L. 무디가 이 주일학교를 영국에서 미국으로 수입했다. 즉 주일학교는 신약성경의 집필이 끝난 지 1700년이 지나서 생겨난 작품이다. 그럼에도 우리는 어떡해서든 이 주일학교의 근거를 신약성경 이곳저곳에서 찾아낸다.

그건 그렇고, 어린이 한 명을 붙들고 한번 물어보라. 그가 정말로 주일학교에 가는 것이 즐거운지 … 아니면 교회는?

면세대상의 비영리 교단들, 그리고 종파와 무관한 선교단체들

선교단체들은 언제 어디서 시작되었을까?

모트(John R. Mott)와 무디(D.L. Moody)에 의해 시작된 YMCA와 학생자원봉사운동이 두드러진 첫 출발점이었다! 오늘날엔 수천 개의 교회 아닌 "선교조직"들이 존재하고 있다.

솔직히 말해 이 모든 선교단체들은 "교회"를 공략하기 위해 개설되었다. 이 단체들은 교회의 허점을 메우기 위해 존재한다. 교회의 관행들이 실패한 현장, 바로 그곳에 선교단체들이 존재하는 것이다. 현재 모든 복음주의 권 교회들을 합친 것보다도 더 많은 수의 스텝(다시 말하면 목사와 선교사)과 가용재정을 가진 선교단체들, 그리고 비 교회 운동들이 존재한다. 사정이 그러해도 선교단체라는 개념이 생겨난 것은 기껏해야 150년 안팎이다.

가장 흥미로운 사실은 이러한 선교단체들이 기존교회에 수용되자마자(약 1950년) 갑자기 이 선교단체들의 근거가 신약성경 안에서 발견되기 시작한 것이다!

우리의 개신교와 복음주의 사고방식이란 늘 이런 식이다. 즉, "우리가 발견하기 전까지 신약성경에 없었다 하더라도 일단 우리가 어떤 관행을 시작하면 그 **모든 관행**들의 근거를 신약성경 안에서 찾아내라. **그러면** 신약성경 안에 존재하게 되는 것이다."

아! 누가 신약성경의 존립을 지킬 수 있을까?

이제 우리는 가장 중대하고 가장 심각한 문제 중 하나에 접근하고 있다.

바로 주일아침의 개신교 의식, 즉 주일오전의 "예배순서."

당신이 다가오는 주일에 "다녀올" 교회가 어디든 그 예배순서를 잘 메모해두라. 당신이 속한 종파와 상관없이 그 순서는 다음과 큰 차이가 없을 것이다.

찬송 두곡

기도

다시 두곡의 찬송

헌금

기도

성가대의 특별찬송(아니면 솔로)

그다음엔 설교(잊지 말라. 그 설교는 근본적으로 그리스-로마의 웅변에 뿌리를 두고 있다.)

마지막으로 축도

도대체 이 의식은 어디서 온 것일까? 바울이 우리에게 전해준 것일까? 신약성경 어디서든 당신은 이런 의식을 발견할 수 있는가? (이 철판에 새긴 종교의식을 고린도전서 14장의 예배모습과 비교해보라.)

주일예배를 드린 후 교회 건물을 걸어 나올 때 이것을 한번 생각해보라. 당신이 방금 드린 그 의식과 정확히 똑같은 의식을 지구 위 5억의 개신교도들이 똑같이 경험한다는 사실을! 매주일, 세상 전역에서, 앞으로도 영원히 계속 그렇게 말이다. 다음 주 보르네오 섬의 정글에서, 아프리카의 정글에서, 남미의 정글에서, 에스키모인들도, 아랍인들도, 일본인들도, 몽고인들도, **모두 모두** 이 "동일한 예배의식"을 따를 것이다!

그리고 모두들 지루해할 것이다!

영국과 미국의 선교사들이 지구상에 거주하는 모든 개신교도들에게 이 의식을 들이밀었다. 우리 5억의 개신교도들은 그동안 우리에게 부여된 이 진저리나는 의식에 참여해왔다. (빌어먹을! 우리에게 이 의식을 가져다 준 당신. 하지만 어쩌겠나. 우리는 벌을 받고 있다! 우리는 이 의식을 치를 동안 앉아있어야 한다!)

우리가 이 **예배순서**를 성경적이라 주장할 수 있을까?

그럼에도 오늘날의 기독교란 이 의식 자체를 의미함에 다름 아니다. 지구상의 모든 불신자들은 우리가 이 순서에 참여하느냐 그렇지 않느냐로 우리가 기독교인인지 아닌지를 분별한다.

우리는 글자그대로 이 주일아침 의식이 세상에 널리 퍼지는 그 날을 목표로 전진해왔다. 이 주일의식은 우리 개신교도들이 서로를 만나는 유일한 방식이다. 십자가 첨탑 안에서의 이 만남 외에 다른 어떤 방식의 만남도, 다른 어떤 방식의 모임도 감히 허락되지 않는다. 목사 아닌 사람이 모임을 이끈다든지, 아예 인도자 없이 모임을 갖는다든지 … 더구나! 아무런 순서도 없이 모임을 갖는다면 그것은 이단적인 처신이 될 것이다.

사정이 아무리 그러해도 우리가 한 시간 동안 견뎌내는 이 전 세계적인 의식은 그것을 정당화할만한 단 한 조각의 신약성경적 근거도 가지고 있지 않다. 더 정확히 말하면 이것은 1세기의 방식에 정면으로 위배된다.

겉치레뿐인 이 의식은 기독교의 생기와 다양성을 가로막는 가장 큰 장벽중의 하나로 작용해왔다. 실제로 이 주일의식-그리고 그 의식에 따른 모든 부차적인 것들-은 우리 안에서 약동하는 생명을 질식시켜왔다. 지난 5백 년 동안 각 세대 기독교신앙의 생기가 이 의식에 짓눌려 온 것이다.

이 "주일예배 의식"의 책임자는? 대체 누가 이 주일 의식을 발명해낸 것일까?

참을 수 없는 이 시간을 창조해낸 사람은 존 칼빈(John Calvin)이다. 1540년, 스위스 제네바에서. 그것은 1세기 교회로부터 거의 **1400년이 지난 시점**에 태어난 새로운 의식이다! 이 의식이 가져다 준 폐해로부터 우리는 결코 쉽게 회복되지 못할 것이다. 창조세계의 마지막 순간까지 교회빌딩 안에서, 주일날, 오전 11시에 이 의식은 지속될 것이니!

예배학을 다루는 수많은 책들은 1540년경 발명된 이 의식을 마치 1세기 신자들의 예배 방식이었던 것처럼 심오한 내용들로 보증해주고 있다. 그리고 오늘 우리들조차 존 칼빈이 개발한 이 의식의 근거를 신약성경 **안**에서 찾아내고 있다.

이런 현실이 당신을 혁명으로 초대하고 있다!

이런 사실들만으로는 당신을 새로운 믿음의 지경으로 초대하기에 부족하다고 여겨지는가! 그렇다면 조금 더 읽어보라. 가장 심각한 문제가 당신을 기다리고 있다.

3. 가장 끔찍한 불행

신약 성경이 대체 무엇을 말하며 왜 그렇게 말하는지를 이해하기란 실제로 거의 불가능하다. 이유가 있다. (1) 신약성경에 접근하는 우리의 방식들이 바르지 않고 (2) 신약성경속의 바울서신들이 기록된 그 본래의 순서를 벗어나 배열되어 있기 때문이다. 이 두 오류를 바로잡아보라. 당신의 눈에 전혀 새로운 세계가 펼쳐질 것이다. 이 두 오류를 바로잡아보라. 어느새 당신은 신약성경과 스릴 넘치는 동행을 하고 있을 것이다.

당신 스스로 **영적인 면**에 있어선 혁명적인 사람이 될 것이고 따라서 교회의 **관행**들에 혁명적인 자세를 취하게 될 것이다.

그 두 가지 사실이 그토록 중요한가? 그렇다. 신약성경 속에 배열된 바울서신의 현재적 관행을 깨뜨리는 것에 기독교의 미래가 걸려있다 말해도 결코 지나치지 않다. 바울 서신이 본래 기록된 그 순서대로 신약성경 속에 배열되는 것은 우리에게 절대적으로 필요하다.

바울이 **첫 번째** 기록한 편지는 로마서가 아니다. 우리가 신약성경을 열면서 발견하게 되는 바울의 첫 번째 편지 로마서는 사실 **네 번째**로 등장해야 할 편지이다. 우리가 지금 가지고 있는 신약성경의 바울 서신들은 그 연대기적 순서를 벗어나 있다. 이 상태로는 영영 신약성경을 이해하지 못하게 될 것이다!

다시 한 번 말한다. 신약성경을 배우면서 우리가 겪게 되는 혼란의 주된 이유는 우리가 신약성경을 배우는 그 방식에 있다. 지금 우리가 신약성경을 배우고 있는 그 방식이 지금까지 우리로 하여금 신약성경을 이해할 수 없도록 만들어왔다.

무슨 말인지 이해하고 싶다면 이것을 한번 생각해보라.

여기 단계별로 된 아홉 권의 수학책이 있다. 그런데 이 책들의 단계를 완전 무시하고 읽는다고 생각해보라. 전기(電氣)를 다루는 아홉 권의 책일 경우도 마찬가지고, 시리즈로 된 아홉 권의 물리학 책도, 천문학 관련의 책도 마찬가지다. 각기 다른 영역의 책들이지만 한 가지 공통된 문제를 가지고 있다. 그 고유한 순서대로 되어 있지 않다는 것이 그 문제이다! 사람들이 이 뒤죽박죽된 책들을 연구하는 경우를 상상해보라.

이렇게 배열된 책들로 당신은 수학을 배울 수 있겠는가? 당신이 직면한 문제가 바로 이것이다. 당신이 신약성경을 열면서 제일 먼저 만나게 될 편지가 실제로는 바울이 여섯 번째로 쓴 편지이다. 그 다음 당신이 신약성경에서 만나는 두 번째 편지가 실제로는 네 번째, 그 다음이 실제로는 다섯 번째. 그 다음이 사실은 바울이 기록한 첫 번째 편지이다. 그리고 그 다음에 당신이 만나게 될 책은 실제로는 여덟 번째 …이런 식이다.

당신은 이런 방식으로 수학을 배울 수 있겠는가? 전자학을 이렇게 배울 수 있는가? **그렇다면 성경은?**

그런데, 그것이 정확히 바울 서신들이 배열된 방식이다. 제대로라면 … 6, 4, 5, 1 …로 배열되었어야 할! 그러나 지구상에 출판된 모든 언어로 된 모든 신약성경이 전부 그렇게 뒤죽박죽 된 순서로!

로마서는 바울의 여섯 번째 편지이다. 고린도전서는 네 번째, 고린도후서는 다섯 번째, 갈라디아서가 그의 첫 번째 편지이다.

"신약성경 말씀으로 설교하자"

"신약성경을 연구하자"…그렇게 말해놓고 우리는 신약성경을 펼친다. 하지만 성경을 열었을 때 우리가 만나는 것은 뒤죽박죽 배열된 서신들이다. 그리고 우리는 신약성경을 배우고 있다고 생각한다.

"우리 학교는 신약성경상의 모든 문서들을 가르칩니다."…라고 말하지만 지구상의 모든 신학교들조차도 이 순서대로 성경을 가르치고 있다.

이 아홉 권의 책을 6, 4, 5, 1, 8, 10, 7, 2, 3, 11, 13, 12, 9의 순서로 그 역사적인 맥을 공부해보라. 그렇다. 이것이 당신이 가지고 있는 신약성경 바울 서신들의 바른 순서이다.

이 아홉 권의 책이 그 연대기적 순서대로 배열되지 않는 한 어떤 사람도 이 책들이 무엇을 말하는 것인지 알 까닭이 없다.

1세기 교회의 실제 이야기에 접근한다는 것이 무엇인지에 대한 그 개념 자체를 우리는 오래전에 상실해버렸다. 바울이 기록했던 순서대로 그의 편지들을 읽어나가며 한 편의 이야기, 한 편의 그림을 볼 수 있다는 것이 뭔지를 우리는 이해하지 못한다. 하나하나 독립된

낱개로 부서진 그의 편지들 속에서 어떤 순서로 어떻게 사건이 발생한 것인지, 그 사건들이 어떻게 엮어질 수 있는 것인지, 신약성경이 정작 계시하려는 것이 무엇인지...우리는 도통 무지가운데 남겨져있다. 신약성경을 한 편의 이야기로 엮는다는 것, 그 전체적인 배경을 안다는 것은 그동안 우리의 성경공부 방식 안에 존재하지 않았고 지금도 존재하지 않는 요소이다.

그 이야기 … 바로 그 이야기 … 를 우리는 알지도 못했고 가르치지도 않았다. 평신도들에게도, 학자들에게도 그 "이야기"는 생소하다. 모르고 있었고 가르치지도 않았던 것은 물론 그런 요소가 우리 가운데 결핍되어 있다는 사실조차 언급되지 않았다. 무엇보다도 1세기 교회에 나타나는 한 폭의 그림, 그 이야기에 대한 무지가 우리들에게 가져다 준 참사들은 실로 엄청나다.

신약성경을 한 편의 이야기로 전개할 능력이 없음으로 인해 신약성경은 도저히 알 수 없는 책이 되어버렸다. 어떻게 신약성경에 접근해야할지도 모른다는 사실은 우리에게 비극이다.

지난 5백 년 동안 개신교는 (한 편의 이야기가 아닌) 성경 **구절**을 가지고 마음껏 떠들며 즐거워했다. **숫자가 메겨진** 한 문장 한 문장을 가지고! 또렷한 한 편의 **이야기**에 구절을 **제한**하려는 사람은 존재하지 않았다. 우리는 오히려 마음먹는 대로 적용 가능한 구절을 **뽑**아들고 대 혼란을 야기해왔다!

숫자가 메겨진 이 구절만 있으면 우리는 이것으로 무엇이든 증명해낼 수 있다.

한편의 **이야기**를 알고 있다면 도저히 하지 못할 그 짓들을!

그 한 편의 온전한 **이야기**가 우리에겐 알려지지 않았다.

사건과 사건을 잇는 연표에 우리는 무지하다.

신약성경 전체 사건들을 시간의 흐름에 따라 이야기로 구성하는 성경공부를 한 적이 없다.

그 결과: 그 **이야기**는 완전히 묻혀버렸다.

만약 당신이 그 이야기를 **먼저** 알았다면 당신은 현재 개신교의 모든 관행을 완전히 단념했어야 할 것이다. 왜냐하면 그 모든 관행들이 성경 구절들을 뽑아내 만들어진 관행들이기 때문이다. 우리가 먼저 그 이야기를 알게 되었다면 그 관행들을 바꾸었을 것이고 적어도 우리의 남은 그리스도인으로서의 삶을 처음교회와 무관한 신앙생활에 보내진 않을 것이다. 우리의 현재 관행들은 그 **이야기**의 어느 구석에도 존재하지 않던 것들이다. 그 한편의 이야기는 우리 개신교의 현재 관행들을 근거 없는 것들로 정의한다.

바울의 첫 번째 편지는 갈라디아서이다. 그의 두 번째 편지는 데살로니가 교회에 보낸 편지이다. 첫 편지 갈라디아서가 기록되기까지 벌어졌던 사건들도 상당하다. **그런 부분들을** 당신은 알고 있는가?

바울이 갈라디아서와 데살로니가전서를 기록하기까지엔 약 아홉 달의 공백 기간이 있다.

두 편지가 기록된 그 시간 사이에도 많은 일들이 벌어졌다.

당신은 그 아홉 달 사이에 벌어졌던 일들을 알고 있는가? 신약성경을 한 편의 이야기로 구성할 때 각 부분에 해당하는 사건들을 알고 있는가? 누가 알겠는가? 누가 그 부분에 주의를 기울이겠는가? 그러나 그 부분이야말로 우리가 주의를 기울이고, 배우고, 알아야 할 영역들이다. 그 **전체** 이야기를 알아야 할 절박한 필요가 우리에게 있다. 처음부터 끝까지.

데살로니가전서를 쓴 후 데살로니가 후서를 쓰기까지 약 세 달의 시간이 흘렀다. 그 사이에도 엄청난 일들이 벌어졌다. 그 두 편지 사이에 벌어졌던 엄청난 이야기들을 누가 알겠는가?

당신은 알고 있는가?

바울이 썼던 그 다음 편지는 고린도교회에 보낸 편지이다. 하지만 데살로니가후서를 기록한 후 고린도전서를 써 보내기까지 6년이란 세월이 흘렀다. 6년. 그 여러 해 동안 벌어졌던 일들을 당신은 알고 있는가? 신약성경을 한 편의 이야기로 구성할 때 바로 그 **부분**을 누가 알겠는가?

바울의 편지를 그 고유한 순서대로 펴낸 영어성경이 단 한권도 없다는 사실이 우리가 그 이야기, 즉 그 이야기의 중요성과 그것이 가진 힘에 대해 무지하다는 것의 충분한 증거이다.

그 이야기는 우리로 하여금 **실재**에 접근하게 한다. 그것은 숫자를 붙여 뽑아낸 **구절**들이 거의 쓸모없음을 드러내준다. 신약성서를 연대기적 방식으로 아는 것이나 "이야기 방식" 그리고 "이야기 우선 방식"으로 배우는 것에 대해 우리는 생각해본 적도 없다. 흔히 "절"이라고 부르는 숫자메긴 한 문장 한 문장에 너무 매료된 나머지 우리는 한 편의 이야기가 존재한다는 사실조차 전혀 인식하지 못하고 있다.

이야기는 그 "절"들이 가지고 있는 **진정한** 의미와 한계를 우리에게 말해줄 수 있다. 그 이야기 안엔 안전장치가 있다. 그 안전장치는 "절"이 가진 위험성을 제한하고 진정한 메시지를 지킨다. 그 안전장치를 제거하면 누구도 신약성경을 이해하지 못하게 될 것이고 자신이 원하는 무엇이든, 또 어떤 것이든 그 구절을 **뽑**아내 증명해내는 일이 계속될 것이다. 그 안전장치를 제거하라. 그러면 당신이 꿈꾸는 어떤 생각이든, 당신이 주장하고 싶은 어떤 논리든 성경구절을 동원해 증명해낼 수 있다. 그러나 이야기는 구절들을 동원해 지어내는 우리의 모든 공중누각들을 허문다!

· 그 이야기를 배우는 첫 걸음은 바울이 쓴 편지들을 그 고유한 연대기적 순서대로 읽는 것이다.

갈라디아서

데살로니가전서

데살로니가후서

고린도전서

고린도후서

로마서

골로새서

에베소서

빌레몬서

빌립보서

디모데전서

디도서

디모데후서

그 이야기를 배우는 것은 우리 모두를 겸손하게 만들 것이다. 그러니 그 전체 이야기를 한번 배워보라.

이것을 생각해보라! : 우리 개신교의 관습과 개신교가 가지고 있는 모든 사고방식을 치워버리는 것! 그 모든 사고방식의 붕괴!

이 정신 나간 처사 뒤에 따라올 말도 안 되는 결과가 무엇일지 언뜻 짐작이 가는가?

지난 5백 년 동안 우리는 그 드라마틱한 이야기 전체를 연대기적 순서에 따라 완전한 형태로 가르친 적이 없다. 그 결과 널리 알려진 학교들과 무수한 책들, 심지어 여러 박사학위를 가진 신학대학 교수들조차 당신에게 그 이야기를 건넬 수 없게 되었다.

그 이야기는 알려지지 않았다.

성경학교 교사들도 모른다.

주일학교 교사들도 모른다.

교수들도 모른다.

그 결과: 사람이 생각해낼 수 있는 모든 것들이 난무하게 되었다. 숫자가 메겨진 몇 몇 문장을 이리저리 옮기면 당신이 **어떤 것을** 하든

그 문장으로 뒷받침할 수 있게 되었다.

모두에게 공유된 **전체 이야기**만 있다면 그런 정신 나간 짓은 멈추게 될 것이다.

그 이야기를 알기까지 우리는 성경을 제대로 이해할 수 없다.

그것은 좀 과한 단정이 아니냐고?

어째서 우리는 성경을 기록된 연대순으로 읽으며 각 권 사이에 존재하는 그 공백기의 사건들을 한편의 **이야기**로 엮어볼 생각조차 못했을까?

이 새로운 방식으로 성경을 읽은 후 당신 앞에 완전히 새로운 성경이 펼쳐지는지 아닌지 실제로 확인해보라. 어쩌면 그 이야기를 배우지 않는 편이 나을지도 모르겠다. 그 이야기가 당신이 행하고 있는 현재의 기독교적 관행들을 송두리째 위협할지도 모르니!

그 이야기가 결핍된 관계로, 우리는 이곳저곳에서 떼어낸 성경구절을 의도하는 한 방향으로 다시 편집하는 관행을 "성경공부"라고 부르는 아주 고약한 사고방식을 갖게 되었다. 심지어 이런 관행들이 높은 **학문**인 것으로 추앙받기까지 한다. "이야기" 밖에서 우리가 그런 조류를 따라간다면 신학이라 부르는 것들은 실로 우리에게 위험할 뿐 아니라 **비성경적**인 것이 되어버린다. 성경구절을 뽑아든 후 "나의 주장은 바로 이 성경구절의 지지를 받는다."고 말해선 안 된다. 우리는 순서가 뒤죽박죽된 혼돈의 수학이나 물리학을 공부하는 것처럼 그렇게 성경을 읽는 관행 속에 우리 자신을 가두어 버렸다.

바울이 교회들에 보낸 아홉 편의 서신과 동역자들에게 보낸 네 편

의 서신이 우리에게 주어졌다. 우리는 그 편지들을 뒤죽박죽으로 그
리고 비 연대기적인 순서로 읽어왔다.

로마서

고린도전서

고린도후서

갈라디아서

에베소서

빌립보서

골로새서

데살로니가전서

데살로니가후서

디모데전서

디모데후서

디도서

빌레몬서

당신은 그동안 당신스스로 신약성경을 알고 있다고 생각해왔다!

그러나 (1) 그 "이야기"와 (2) 연대기에 무지하고 그것을 이해하
지 못하는 한 누구도 신약성경이 무엇을 말하는지 알 수 없다.

이 편지들의 순서를 발견하라. 한 권이 끝나고 다음 권이 기록되
기까지 그 사이에 무슨 일이 있었는지를 찾아라. 그런 다음 양심이

시키는 대로 하라. 당신은 이미 급진주의 그 너머에 가 있을 것이다. (SeedSowers 출판사에서 "왜 우리는 신약성경이 말하는 것에 무지한가? Why we do not know what the new testament says"라는 제목의 무료 오디오 테이프를 받을 수 있다.)

당신은 신약성경 전체 목차(헬라어성경)를 외우겠지만 그 신약성경이 무엇을 말하는지는 여전히 모를 것이다! 그 전체를 아우르는 한 편의 이야기와 연대기적 순서가 부재한 뒤죽박죽된 순서로 읽었기 때문이다! 신약성경에 접근했던 사고방식이 1세기 교회의 무대를 직관하는데 있어 우리를 맹인으로 만들어버렸다. 구절, 교훈, 교리, 궤변, 숨겨진 음모, 무엇보다도 그런 방식에 정당성을 부여하려는 노력들이 이야기를 밀어냈다. 우리가 인위적으로 생각해낸 것들이 얼마나 어처구니없는지와 전혀 상관없이 "우리의 것들은 하나님의 말씀으로 주어졌다"고 말해왔다.

이야기를 알면 그러한 사고방식들이 제어된다.

무슨 말인지 설명해보겠다.

많은 사람들이 신약성경을 통해 "명확한 성경적 가르침에 근거한 하나님의 뜻"을 분별해왔다.

어떤 형제가 "하나님의 뜻은 우리가 세상과 멀리 떨어진 광야에서 신선한 공기, 유기농 음식, 소박한 의복과 함께 세상과 구별된 바른 삶을 사는 것"이라고 분별했다고 치자(엣센 신드롬과 맞물린 유기농 당근 쥬스 신드롬처럼). 그 어마어마한 발상의 부분 부분을 우리는 "순전한 하나님의 말씀"으로 조목조목 증명해낼 수 있다. 그렇지 않은가?

하지만 만약 그 사람과 그의 말을 듣는 사람들이 그 1세기 교회의 전체 **이야기**를 알고 있다면 하나님의 말씀으로 주어진 그 유기농채소는 보관할 자리가 없을 것이고 그의 말을 들은 사람은 서둘러 일어나 문고리를 잡을 것이다. 그 **이야기**가 그가 받은 하나님의 말씀을 지지하지 않기 때문이다.

그 이야기, 그 온전한 상태의 이야기를 아는 것이 우리에게 그토록 절실한가? 그리스도인들이 지난 수세기 동안 이 성경구절을 둘러싸고 전쟁을 벌이며 서로를 대량학살 해왔다는 사실을 생각해보라. 그 **이야기**를 전혀 모른 상태로.

우리가 정말 그 이야기를 공유할 수 있다면 성경을 이해하는 혁명적인 지평이 펼쳐질 것이다.

이제 결정적인 질문을 해볼 때가 되었다. 어떻게 해서 신약성경이 이렇게 뒤죽박죽 배열되었을까? 누가 성경을 이 상태로 배열하여 신약성경에 다가서는 우리에게 이 큰 재앙을 안겨준 것일까?

한 번 더 그 이름을 거론할 수밖에 없다. 마르틴 루터. (참고로 그는 1세기 교회에 무슨 일이 있었는지 전혀 모르고 있었다. 바울이 기록한 편지와 편지사이에 일어난 일에도 무지했다. 하지만, 아뿔싸! 그는 성경구절들을 잘 알고 있었다. 너무 잘 알고 있었다!)

이 엄청난 혼란을 야기한 그 분이 개신교 **최초의** 성경을 편찬한 바로 그 분이다. 그때 이후로 개신교 성경은 모두 그의 모델을 따라 편찬되었다. 모든 신약성경이 로마서를 서두로 바울 서신을 배열하고 있다. 최초의 개신교 성경은 마르틴 루터의 작품이었다. 결과적으로 바울서신의 순서를 배열한 사람 역시 그 분이다. 루터는 독일 동부의 비텐베르크라 불리는 도시의 대학에서 신학교리를 가르치던 아우구스티누스 수도회의 수도사였다. 그래서 그는 바울의 편지를 ...교리의 관점으로 가르쳤다. 그의 관심은 **오직** 교리였다. 이 사람은 바울이 쓴 다른 어떤 편지보다도 로마서에 더 많은 교리가 담겨있다고 생각했다. (우리에게 오늘날의 개신교적 사고방식을 선물해준 사람이 바로 이 분이다. 그가 교리, 교훈, 그리고 구절들을 한 줄로 엮어내는데 비상한 관심이 있었다는 사실을 꼭 기억해두라. 그 **이야기**에 대한 관심도, 그것을 알아야 할 필요도 그의 마인드엔 존재하지 않았다. 교리적 사고방식만이 존재했다.)

루터는 로마서 다음으로 많은 교리를 담고 있는 바울서신이 고린도전서라고 판단했다. 빌레몬서엔 교리와 관련된 내용이 별로 없으므로 그 책을 바울의 13서신 중 맨 마지막에 두었다.

이 사람이 우리에게 무슨 짓을 했는지 알겠는가? 잊지 말라. 그가 우리 개신교적 사고방식의 교부이다.

루터가 최초의 개신교 신약성경을 편찬했을 때 어느 누구도 그가 배열한 신약성경의 목차에 의문을 던지지 않았다. 그리고 우리는 정확히 이 사람이 했던 방식을 답습하고 있다. 교리를 이끌어내고 교리를 만들어내고 교리를 증명하고 교리적인 허점을 방어하고 우리가 만들어낸 그 작은 교리의 세계에 다른 그리스도인들을 묶어두기 위해 신약성경을 사용한다.

그런 와중에 1세기 교회의 이야기는 송두리째 무지의 상태로 남겨져있다.

어느 누구도 벌떡 일어나 말하지 않는다. "우리 이야기 먼저 배웁시다!" 우리는 신앙생활의 규칙을 찾는 용도로, 아니면 성경공부를 위해 고안된 성경 십자 풀이 교재 정도로 신약성경을 대한다. 그리고 성경전체를 뒤적여 뽑아내고 다시 배열하고 일정한 범주로 분류한다. 그리고 우리의 주장을 입증하는 증거로 사용하기도 한다! 당신은 하나님이 직접 말씀하신 것으로 배워온 많은 교훈들을 가지고 있을 것이다.

그리고 우리는 이것을 성경공부라고 부른다!? "하나님의 말씀을 아는 지식"으로 여기기도 한다. (심한 경우, 무엇을 해야 할지 결정할 때, 점괘 판처럼 성경에 접근하려는 그리스도인들도 있다. "눈을 감아라. 성경을 펴라. 손으로 짚으라. 찾았다! 손가락 끝으로 짚은 그 말씀이 하나님의 말씀이다!")

우리는 1세기 교회의 시작부터 끝까지, 그 끊어지지 않은 이야기 전체를 우선적으로 배우는 성경공부의 대 혁신을 가져올 필요가 있다. (그렇게 되면 수많은 교훈을 끄집어내는 것으로 끝나는 성경공부를 중단할 수 있을 것이다.) 우리는 겸손해질 수 있다. 많은 우상들이 무너져 내릴 것이다. 우리 스스로 변할 것이다. 아니 변하지 않더라도, 우리가 전혀 성경적이지 않은 기독교 세계, 인위적으로 만들어진 세계, 즉 너무 쉽게 뽑아낸 성경구절에 의해 창조된 기독교세계에 살고 있다는 사실쯤은 알게 될 것이다.

(예를 들어, 1세기 교회 **전체이야기** 속에 오늘날의 목사를 비춰보려 시도한 사람은 없다. 현대의 목사는, 성경 여기저기에 흩어진 관련 구절들을 끌어 모으고 거기에 기막힌 논리적 비약과 거친 해석을 부여해야만 간신히 그 정당성을 얻을 수 있다. 간접적으로라도 현대의 목사와 비슷한 사람이 1세기 교회엔 존재하지 않았다. 왜 이야기를 사용하지 않을까? 오늘날 목사들의 관행이 1세기 교회의 이야기에 **전혀** 등장하지도 않기 때문이다. 맥락을 벗어나 뽑아내고 그것을 다시 조합하고 조합된 그것에 재해석이 가미된 성경구절들만 오늘날 목사들의 직무와 역할이 성경에 존재했다고 주장할만한 유일한 단서가 된다.)

누구도 그 이야기를 아는 것 같지 않지만 혹 우리가 그것을 보게 된다면 그 이야기는 부서진 구절 더미에 결코 종속되지 않을 것이다. 구절들이 오히려 그 이야기에 굴복해야 한다! 발췌되고, 범주에 따라 분류되고, 의도적으로 사용되는 구절들은 이야기에 **먼저** 길을 내주어야 한다.

그 이야기를 배워보자. 이야기 전체를. 처음부터 끝까지. 연대기 순으로. 나는 당신이 처음부터 다시, 완전히 새로운 방식으로 시작하고 싶은 생각이 들 거라는 믿음이 있다.

하지만 어떤 관행들은 우리 안에 너무 깊숙이 스며들어 우리 대부분이 그것을 거의 알아차리는 것조차 힘들다는 사실을 알아야 한다.

예를 들면….

4. 성직에 심리적으로 종속된 심각한 의존,

성직에 대한 깊은 의존?! 이것이야말로 무의식 가운데 이뤄지지만 매우 실제적이고 깊이 작용하는 강력한 영향력이다. 어느 정도로? 그렇게 실제적으로? 얼마나 우리를 제한하기로? 하나님의 나라에 폐단을 줄 정도인가? 성직에 있는 사람들이 신자들 중심의 교회보다 성직자 중심의 사역을 펼치는 것이 사실인가?

나와 함께 어떤 가정집 거실의 성경공부 모임에 들어가 보자. 평범한 사람들이 거기 모여 있다. 지금까지 한 번도 목사가 참석한 적이 없는 모임이다. (방안에 모인 모든 사람들은 평신도이다. 모두가 생계를 위해 일하는 사람들이고 직업적인 목사는 한 사람도 없다. 무척 유쾌하고 즐거운 모임이다. 자유롭고 평화가 넘친다.)

그런데 오늘밤, 처음으로 한 목사가 그 모임을 방문한다. 그 목사의 존재가 지금까지 그 모임 안에 흐르던 영적 분위기와 평신도간의 상호작용에 영향을 줄까? 그렇다. 절대적으로 영향을 준다. 당신은 그 사람 앞에서 지금까지와는 전혀 다른 자세로 행동할 것이다. 어떤 면으로든 당신은 그 목사가 거기 존재한다는 이유로 영향을 받게 된다.

다른 측면에서 예를 들어보자. 많은 설명이 필요 없는 한 실례가 여기 있다.

가정교회 운동을 보라. 가정교회 운동으로 말하자면 요 근래 가장 선진적인 움직임중 하나이다.

자! 당신이 가정집 거실에 들어와 않는다. 이 특별한 모임을 이끄는 사람은 지금까지 총 10개의 가정교회 모임을 개척한 사람이다. 그가 이 모임을 지도한다. 거기 모여 그를 따르는 사람들은 모두 그를 사랑한다. 그런데 어느 날 아침, 카페에서 그와 아침 모임을 가져보라. 그의 말을 잘 들어보라. 그는 하나님이 **그에게** 보여주셨던 일들, **그가** 어떻게 모임을 시작했는지, 하나님이 지금까지 그를 어떻게 지도하셨는지, 지금까지 **그가** 직면해왔던 문제들, 주님께서 그에게 주셨던 해결책들을 당신에게 말해줄 것이다. 여러 시간동안 말하겠지만 그는 절대로 **당신을** 언급하지 않을 것이다. 그렇다. 당신! 평신도 말이다! 그의 심장은, 그의 사고방식은, 그의 모든 세포는 그가 이 모임의 중심이라고 웅변하고 있다. 가정교회 모임 안에서도 평신도들은 그 모임의 중심에 있지 않다. 이것은 분명하다.

직설적으로 표현하면 그가 이끄는 모임의 평신도들은 그의 목적을 성취하는 수단이다. 그의 목회를 위한 도구들.

그의 헌신은 평신도들이 그를 전혀 필요로 여기지 않는 단계, 즉 자유로운 하나님의 백성이 되는데 있지 않다. 의식적으로, 혹은 무의식적으로 그는 이 가정교회가 계속해서 그의 영향력 밑에 있기를 희망한다. 그리고 자신이 지속적인 지도자로 그들 안에 존속하려고 수

고한다.

선교단체를 찾아가보라. 외국에 교회를 개척한 선교사에게 가보라. 전통적인 교회는 물론이고. 성직자를 지나치게 의존하는 이 병폐, 성직자를 중심에 놓는 이 병폐는 아마도 다음 한 문장으로 요약될 수 있을 것이다. "우리는 평신도들에게 좀 더 많은 책임을 부여하는 그런 교회를 회복해야 합니다!"

뭔가 희망적인 문구처럼 보인다. 그렇지 않은가? 그렇다! 그러나 우리가 이런 문구를 여전히 생각해내는 한 기독교세계의 변화는 가망이 없다.

그 말들을 잘 들여다보라. "우리는 평신도들을 ...하게 만들어야 한다..." "우리는 평신도들에게 ...을 주어야 한다." 권한과 책임을 틀어쥔 어떤 한 사람이 평신도들에게 무엇을 주고, 무엇을 허락하는 모습이 당신의 눈에 들어오는가? 이것은 결코 모든 평신도들이 모든 일에 책임을 지는 그런 차원을 말하고 있지 않다. 특별한 지도자가 다만 허락하는 것이다.

평신도가 (허락받지 않고) 교회의 모든 책임을 지는 날을 우리가 준비한다는 것은 아예 처음부터 그렇게 시작하는 것을 의미한다. 그것이 유일한 방법이다. 성직자중심의 사고구조는 너무 깊이 뿌리를 내려 오늘 우리들의 모든 부분에 만연되어 있다.

당신이 새롭게 시작하고자 한다면 아예 처음부터 교회의 방향과 리더십이 형제자매들의 손에 완전히 이양된 상태로 출발해야 한다. 형제자매들의 눈에 성직자가 보이지 않도록, 장로도, 집사도, 개인으로서 지역교회를 이끄는 어떤 사람도 보이지 않도록 그렇게 출발해야 한다. 지역교회에 머물면서 그 교회를 지도하는 한 개인 혹은 다수의 지도자를 두는 한, 그리고 잠정적으로 리더가 되기로 약정된 사람과 시작하는 한, 아니 에클레시아가 **처음 세워질 당시나 초기에** 어떤 유형의 지도자를 두는 한 거기에 혁신이 있으리란 기대는 접어두는 것이 좋다.

그런 방식으론 안 된다. 그 식상한 방법을 벗어나야 희망이 있다.

교회개척자에 의해 세워지고 그 개척자가 교회를 떠나자마자 어떤 지도자도 없이 홀로 남겨지는 교회를 수용하기란 현재의 기독교적 마인드로는 불가능해 보인다. 많은 사람들 또한 그것이 희망사항일 뿐 실제로 일어날 수는 없는 일이라고 당신에게 말해줄 것이다.

그럼에도, 그것은 지금, 바로 여기, 이 지구상에서 현재 일어나고 있는 일이다.

잠시 마음속으로 한 그룹의 그리스도인들을 떠올려보라. 스물다섯 명 정도의 모임이다. 그들에게 속하지 않은 하나님의 일꾼 한 사람이 외부에서 들어와 그 모임을 심었다. 그는 그들에게서 바로 떠났다. 이제 1년 혹은 2년 동안 그는 그들에게 돌아오지 않을 것이다. 성직자는? 장로는? 다른 지도자는? **아예 존재하지 않는다.** 불가능한 일인가?

친애하는 독자들이여. 그것이 바로 1세기 교회에서 **뽑**아낸 한 장의 사진이다. **그것이야말로 마땅히 존재해야할 에클레시아의 방식이다.**

세상에! 지도자 없는 사람들이 무엇을 할 수 있다는 말인가? 대 혼란을 겪지 않을까? 다른 목사를 초청하지 않을까? 아니 적어도 장로라도 뽑지 않을까?

교회개척자가 1세기 스타일로 신자들의 몸을 세워 낸 것이 사실이라면 남은 사람들은 자신들이 무엇을 해야 할지 정확히 알고 있을 것이다.

우리가 지금까지 목격해온 서구적인 사고방식 자체를 내려놓으라. 그것이 무엇을 남겼는가? 그것이 우리에게 무엇을 주었는가? **그리스도인**이란 정체를 새로 태어난 한 부족으로 생각해보라! (실제로 그렇진 않지만 우리는 지금 새로운 영역, 급진적인 차원의 새 지평을 열어보려 애쓰는 중이다.)

새롭게 태어난 그 부족을 무엇이라 부르면 좋을까?

그녀의 이름은 **에클레시아**이다.

만약 이 믿음의 무리가 교회개척자에 의해 올곧게 세워졌다면 그들은 우리가 알고 있는 바로 그 원시 **에클레시아**가 될 것이다. 그렇다. 그들은 그들 안에 교회의 유기적인 본성이 드러날 때까지 함께 견뎌낼 것이다.

이런 일을 단지 입술로 설명해보라. 설명을 들은 사람 중에 내일 당장 그것을 시도해보고 당신에게 돌아와 그런 일 따위는 우리에게 가능하지 않다고 말할 것이다. 그럼 어떻게? 당신의 눈이 그것을 직접 보아야 한다. 당신이 그 에클레시아에 속해 그것을 경험해야 한다. 눈으로 보고 경험하고 나서도 당신은 그것을 말로 설명할 수 없을 것이다.

아니, 그것은 설명될 수 있는 어떤 것이 아니다. 에클레시아에 대한 이 차원은 단지 **경험될 수 있는 영역**이다. **먼저 교회생활을 경험하라.** 그것을 설명하려는 마음을 내려놓게 될 것이다. 그렇게 되면 '몸'으로서의 교회생활을 경험하지 않은 상태로 교회를 개척하러 뛰어나가지 않은 것에 대해 안도의 숨을 내쉬며 하나님께 감사하게 될 것이다.

경험하지 않은 상태로는 도저히 할 수 없는 일이 바로 여기에 있다.

이 스물다섯명의 사람들에게 무슨 일이 벌어질까?

밖에서 들어온 교회개척자에 의해 심겨지고 그들 **안**에 어떤 지도자도 없이 버림받은 이 신자들은 서로서로를 붙들게 되고 서로에게 매달리며 서로를 돌보게 된다. 홀로 남겨진 바로 이 순간은 이들에게 기쁨, 환호, 모험, 발견, 그리고 동시에 완전한 공포의 순간이다.

그리고 마침내, 주님의 은혜로! 이 지구상에서 가장 생동감 있고 활기 넘치며 가능성을 소유한 창조적인 생명이 출현한다. 에클레시아! 이 모든 과정을 경험한 후 그들은 결코 성직자에게 의존하지 않게 된다. 절대로!

신기한가? 이상한 소리로 들리는가? 무엇보다, 이게 가능한 일인가? 성경적인 근거를 두고 하는 소리인가? 1세기 그리스도인들이 이와 같은 일을 했다는 말인가? 정확히 그렇다. 1세기의 **이야기**에 등장하는 교회들은 대부분 이와 같은 방식으로 세상에 존재하게 되었다.

평신도가 떠맡은 교회라고? 목회자에 대한 의존과 공포심이 평신도 블루칼라와 화이트칼라에 의해 대체된다고? 교회전체가 평신도들로만 구성된다고? 성직자 없이 평신도가 모든 것을?

어떻게 그럴 수가 있나? 1세기의 그리스도인들, 그들은 어떻게 이 일을 해냈는가?

5. 정신 나간 교회개척

당신이 평신도라면 이제 다룰 내용들은 당신의 삶에 획기적인 변화를 가져올 것이다.

초기 에클레시아가 개척되던 방식

사랑하는 독자들이여. 첫 세기의 교회개척 방식을 주목하시라. 아니 하나님께서 1세기에 그 분의 교회를 개척하시던 방식에 대한 다음의 연구를 주목해보라. 그리고 이런 방식이 당신이 주변에서 흔히 접할 수 있는 교회개척 방식인지 가늠해보라. (이제 말하는 것들은 실제 성경에 기록된 그 자체이다!)

하나하나의 교회들이 어떻게 이 땅에 심겨졌는지, 그 1세기 스타일의 교회개척을 보기 전에 먼저 순회하는 교회개척자를 재발견할 필요가 있다. 이 특별한 사람은 교회를 세우기 위해 부름 받은 사람이다. 교회를 세우는 그의 **방식**이란: 한 도시에 하나의 교회를 심은 후 떠나는 것이다! **교회 전체**를 **교회 전체**의 손에 넘기는 방식으로 그는 자신이 세운 교회와 작별했다! 한 순간에 교회가 홀로 남겨진다. 그리고 그렇게 남겨진 교회는 물속으로 가라앉든지 수영을 하든지 선택해야 했다. 이것이 사실인가? 실제 이런 방식으로 교회가 세워졌단 말인가? 아니 차라리 이렇게 질문하는 편이 더 나을 것 같다. 성경의 기록은 이런 방식의 교회개척 외에 다른 방식의 교회개척은 나오지도 않는데 우린 도대체 어디서 전혀 다른 방식의 교회개척을 배우게 된 것일까?

바로 그 이야기

여기 그 이야기의 서막을 알리는 무대가 시작된다. 지금 바울과 바나바가 안디옥을 떠나 사이프러스(Cyprus) 섬으로 가고 있다. 거기에서 그들은 갈라디아 지방으로 들어간다. 그로부터 2년 후 이 두 교회개척자들은 그 갈라디아 땅을 떠나는데 그들 뒤에 네 개의 이방인 교회들이 **남겨진다.**

그 다음 무대가 열리면 바울과 실라가 등장한다. 이번엔 교회를 개척하기 위해 안디옥교회를 출발해 그리스 지역으로 들어간다. 거기에도 네 교회가 남겨지고 두 사람은 그리스 지역을 떠난다.

그리고 마지막 무대가 열린다. 이번 무대는 교회를 심기 위해 에베소로 떠나는 바울과 함께 시작된다.

믿을 수 없을 만큼 파격적인 내용들이다. 그럼에도 이 사실은 프랑스인들의 높은 코만큼이나 또렷이 성경에 기록되어 있는 내용들이다! 하지만 이런 주제에 대해 **아무도** 말해준 적이 없노라고 내 주머니 속 동전들이 지금 아우성치고 있다. (만약 바울이 오늘 우리가 생각하는 목사였다면 그가 안전했을까!)

우리가 신약성경을 읽을 때 우리가 읽는 바로 그 부분이 그 내용을 말하고 있음에도 우리는 전혀 그것이 그 내용인지를 알지 못한다. 우리가 왜 이런 상태에 이르렀는지 말해 줄 정확한 설명이 여기 있다. (그것은 또한 교회가 어떻게 세워져야 하는지를 보여주는 것이기도 하다.)

세 차례의 교회개척 여정으로 돌아가 보자.

하나님의 일들이 일어났던 1세기의 방식들이 여기 있다. (소개되는 내용들은 **연대기 순**으로 등장할 것이다.)

바울의 1, 2차 선교여정을 통해 세워진 교회들은 모두 여덟 교회이다. 각 교회가 세워진 초창기에 바울은 그 교회들을 떠났다. 교회가 세워진지 네 달 남짓 되었을 무렵 이뤄진 작별이었다. 한 번의 예외가 있었다. 여덟 개의 교회를 세우면서 바울은 다섯 번 강제로 쫓겨나다시피 그 도시를 떠나야했다. 두 번은 자발적으로 떠났다. 고린도에서만 18개월 머물렀다. (당시의 시간적 경과를 살펴볼 수 있는 어떤 연대표든 참고해보라.)

1차 교회개척 여정

이방인들 중에 교회를 개척하도록 두 사람이 성령의 부르심을 받고 파송된다. (당신에게 익숙한 영혼구원을 위한 부르심이 아니었음을 염두에 두라. 교회를 개척하기 위해서였다.) 이 두 사람은 바울과 바나바다. 이 후 두 사람이 무엇을 하는지 잘 들여다보라. 여기 그 기록이 있다. 중요한 부분은 고딕체로 표시된다.

두 사람은 안디옥을 **떠나** 시리아로 내려가 구브로 (Cyprus)에 들어간다.

행: 13:4

바울과 바나바는 구브로에서 한 달 머문 후 다시 **떠난다.**

행 13:13

그 후 두 사람이 들어간 곳은 갈라디아 땅, 비시디아의 한 도시이다. (예수 그리스도의 이름을 들어본 사람이 전혀 없는 도시였다.) 그들은 이 마을에 하나의 교회를 심는다. 그리고 네 달 후, 그들은 이 비시디아 안디옥교회를 **떠난다.** 지금 막 개척되었으나 철저히 홀로 남겨지는 어리고 유약한 이 교회를 보라. 그리고 이 장면을 마음에 새겨두라. 네 달 후, 그들은 이 교회를 떠났다!

행 13:14, 50

그 다음, 바울과 바나바는 이고니온이라 불리는 마을로 간다. 완전한 이방인도시 이고니온에 복음이 전파된다. 그리고 다시 한 교회가 이고니온에 심겨진다. 다섯 달 후 … 개척자들은 이 두 번째 교회를 **떠난다.**

행 13:51-14:6

이고니온의 어린 교회를 남겨둔 후 두 사람은 이제 루스드라로 불리는 마을에 걸어 들어가 거기에 한 교회를 세운다. 루스드라에서 약 네 달을 머문 후 두 교회개척자는 모든 것을 그 지역교회에 **남겨두고** 다시 이 신생교회를 저버린다. 눈을 씻고 찾아봐도 이 교회에 임명된 지도자는 보이지 않는다.

행 14:20

두 교회 개척자들은 루스드라를 **떠나** 더베라고 불리는 도시로 들어간다. 거기에서 한 번 더 교회를 일으켜 세운다. 짧은 기간 그곳에 머문 후 교회개척자들은 더베를 **떠난다**.

행 14:21

(두 교회개척자들이 남겨두고 떠난 이 교회들은 그들의 리더십을 성직에 두지 않았다. 다만 신자들 전체가 이 리더십을 떠맡았다. 이후 바울과 바나바와 성령께선 그 사람들 가운데 장로들을 택한다. 14:24을 보라)

두 교회개척자들은 갈라디아 지역에서 완전히 **떠난다**. 바울과 바나바는 어린 네 신생교회들로부터 모두 **떠난다**. 이 교회들은 시리아 안디옥교회로부터 수 백

마일 떨어져 있었다. 두 사람은 이 지역을 떠날 뿐 아니라 향후 **2년 동안** 이 어린 네 교회들을 **방문하지도 않는다!** 이것을 염두에 두라: 2년 동안 위태로운 네 교회들이 거기 홀로 존재하고 있었다. 각 교회들은 네 달, 혹은 다섯 달 남짓의 도움을 그들의 개척자들에게 받았을 뿐이다. 네 교회들을 **홀로 둔 채** 시리아 안디옥교회로 복귀하는 두 사람의 모습과 함께 1차 교회개척의 문은 닫힌다.

행 14:24-26

이것이 이 땅에 교회를 심는 유일한 방식이다. **당신이** 이 즐겁고 거칠고 모험적인 경험을 누리시기를! 이것이 바로 신약성경이다. 그런데 교회를 일으켜 세운 후 그곳을 떠나버리는 이 정신 나간 교회개척방식은 1세기 스타일의 시작에 불과하다.

2차 교회개척 여정

새로운 파트너 실라와 함께 바울은 한 번 더 안디옥 교회를 떠나 2년 전, 그들이 남겨두고 온 갈라디아의 네 교회들을 방문한다. 이번에는 좀 더 오랜 시간을 그들과 함께 하지 않을까?

아니다. 바울은 단 몇 주간만 갈라디아에 머물 뿐이다. 각각의 교회와 상봉하여 단 며칠 동안 그들과 함께 한 후 바울은 **다시** 그들을 **떠난다.** (갈라디아 땅에서 **벗어나** 바울은 그리스 지역으로 들어간다.

그곳에 다른 네 교회를 세우기 위해.)

갈라디아의 네 교회들을 2년 만에 방문하는데도 단
며칠 동안 그들과 함께 한 후 다시 일어나 **떠나는** 바
울의 모습을 당신의 기억 속에 저장해두라. 심지어!
두 번째 교회개척여정을 떠나기에 앞서 바울은 갈라
디아 네 교회들 중 유일하게 지도자의 싹을 보이는
한 젊은이(그 이름, 디모데! - 역주)를 그들로부터 **빼**
앗아 자신의 여정에 동행하도록 한다.

행 15:40-16:6

그 후 바울은 드로아에 있는 교회들을 단기간 방문하
고 그곳을 **떠난다.**

행 16:8-11

바울은 그리스로 들어간다. 그는 빌립보라 불리는 도
시에 들어간다. 그리고 거기서 빌립보 교회를 개척
한다. 소요가 일어난 뒤 며칠 후, 바울은 그곳을 **떠**
난다!

행 16:40

바울은 데살로니가로 들어간다. 그리고 거기서 다시

한 교회를 일으켜 세우고 아주 급하게(세달 이하) 그 교회와 **작별한다**.

행 17:1, 17:10

그 다음 바울은 베뢰아에 당도했다. 거기에서도 한 교회를 개척했다. 그리고 그곳을 **떠나간다**. 단 몇 주 만에.

행 17:10, 17:14

그 후 바울은 그리스 남부의 고린도라 불리는 도시로 들어간다. 그리고 거기서 다시 한 교회를 개척한다. 그곳 고린도를 떠나지 **말라**고 주님께서 말씀하셨기 때문일까! 이번엔 18개월을 그곳에 머문다. 그러나 다시 바울은 그곳을 **떠난다**.

행 17:18

바울은 그가 그리스 지역에 일으켜 세운 이 네 신생 교회들을 **떠난다**. 네 교회들, 즉 빌립보교회, 데살로니가교회, 베뢰아교회, 고린도교회가 바울 뒤에 남겨진다. 세 교회가 개척된 지 세 달 만에 홀로 남겨지고, 한 교회는 18개월 되었을 무렵 홀로 남겨진다. 그리고 바울은 그들을 떠나 2년 만에 안디옥교회로 복귀한다! 그는 **여덟** 차례에 걸쳐 교회를 떠났다. 바울이 처음 세웠던 갈라디아 지역의 네 교회들은 그가 두 번째 선교여정에 나서면서 잠깐 방문한 것 외엔 아무런 도움을 얻지 못했다. 갈라디아의 네 교회들이 **6년 동안** 바울로부터 얻은 도움은 그것이 전부였다. 아, 추가할 것이 있다. 그 각각의 교회들이 처음 개척될 당시 받았던 약 5개월 동안의 도움!

행 18:21

이제 **세 번째 교회개척 여정**에 착수하기 위해 안디옥교회의 문을 나서는 바울의 뒤를 따라가 보자. 시리아 안디옥교회로 돌아와 거기 머물던 바울은 갈라디아 지역의 네 교회들을 다시 한 번 방문할 필요를 느낀다. 이 네 교회들이 그들의 개척자 바울을 맞이한 회수는 이번이 세 번째다. 이 모든 시간들을 헤아려 보라. (1) 4개월. (2) 한 주. (3) 또 다른 몇 주. 이것이 그들의 개척자로부터 교회가 도움 받은 전부이다. 모두 합해 5개월 남짓! **8년 동안** 5개월의 도움. 그리고 이 마지막 방문 후, 바울은 다시 갈라디아를 **떠난다!**

행 18:23

지구상의 어떤 목사가 이런 목회를 제안할 수 있을까? 한 교회를 개척하고 그 교회를 떠나 8년 동안 여섯 달 남짓 그들을 돕는 목회!

아! 부디 바울과 같은 부족이 이 땅에 늘어나기를!

하나님이시여! 부디, 한 몸 된 형제자매들 외엔 어느 누구도 그녀 (교회)의 운명을 결정짓지 않는 그런 에클레시아를 우리에게 회복시키소서. 그녀의 탄생과 그녀가 빚어가는 그녀의 이야기가 결코 그녀 곁에 오래 눌러앉지 않는 지도자와의 관계 속에 흘러나오게 하소서. (이 주제는 다음 장에서 계속됨)

3차 교회개척 여정

교회개척자는 교회를 심는다. 그 후 이따금씩 방문 하는 것 외에 그 지역교회와 관련된 모든 것들은 전적으로 그 지역교회의 성도들 손에 넘겨진다. 교회개척자는 **부정기적**으로 그 교회를 방문할 뿐이다. 교회개척자가 우리에게 절실하다. 교회개척자가 떠난 지역교회를 전적으로 이끌어갈 형제들 **역시** 절실하다. 어느 한 쪽만 절실한 것이 아니다! 반드시 둘 다 필요한 요소이다.

이 정신 나간 방식의 교회개척은 이후에도 계속된다. 이것이 바로 1세기 교회들의 이야기이다!

이제 바울의 세 번째 교회개척 여정을 따라가 보자.

갈라디아를 떠난 바울은 에베소에 들어가 교회를 세운다. 그는 거기 에베소에서 약 3년 동안 머문다. 에베소에서 보내던 두 번째 해, 바울은 에베소주변 도시 들로 나아가 여러 교회들을 세운다. 그가 훈련시킨 여덟 명의 젊은이들이 이때 바울과 동행한다. 이 여덟 도제들은 바울이 에베소 주변 도시들에 교회를 개척하는 과정에 참여하며 그 내용을 지켜본다.

행 19:1

에베소에서 머물던 3년의 시간이 끝날 무렵, 바울은 그곳을 떠나 소아시아 전역을 돌아보고 예루살렘을 방문한 다음 안디옥교회로 돌아갈 계획을 세운다. 그가 계획대로 안디옥을 방문했는지는 알 수 없다. 다만 안디옥으로 가는 도중 바울은 그리스 지역의 교회들을 아주 잠깐 방문한다. 이 열 교회들, 혹은 열둘 이상의 교회들 대부분은 이제 다신 그의 얼굴을 보지 못하게 될 것이다!

행 19:21, 20:1,2

바울이 예루살렘에 올라가는 도중 들렀던 한 장소는 고린도교회이다. 그는 세 달 동안 그곳에 머물렀다.

행 20:3

이 모든 교회개척 여정 중에 일어났던 의미 있는 한 가지 사건의 회수를 합산해보라. 여기 그 엄청난 계산이 드러난다. 11년 동안의 교회개척여정 중에 바울은 모두 스물다섯 차례 이상 교회와 작별했다. 그는 **스물다섯 번** 교회를 떠나며 아홉 개의 교회들을 일으켜 세웠다. (세 차례의 교회개척 여정 중 우리가 그 이름을 알고 있는 교회만 계산했을 때!)

(현대교회의 목사들은 자신이 한 교회에서 얼마나 오랫동안 머물렀는지에 자부심을 가지고 있다. 바울의 자부심은 그가 얼마나 **짧은** 시간동안 머물렀는지에 있을 것이다.)

11년 동안의 사역가운데 이 대부분의 교회들과 바울이 함께 보낸 시간은 각각 6개월 남짓이었다. 고린도교회만 예외였다. 18개월을 그곳에서 보냈고 한 달 혹은 두 달간 머물렀던 두 번의 방문이 있었다. 합해서 22개월. 에베소에선 약 3년 반 정도 머물렀다. 그 외에 다른 모든 교회들과는 11년 동안 오직 6개월 남짓 함께 지냈을 뿐이다. (바울의 교회방문과 관련한 또 다른 성경본문은 고전 16:3-9, 고후 12:14을 참고하라)

바울이 바나바와 함께 안디옥교회를 떠난 시점에서 예루살렘에 도착해 체포되어 수감되기까지의 세월은 약 11년이었다. 교회개척에 바친 전체여정을 합산해도 15년이 넘지 않는다!

한 번 더 강조한다. 바울은 단 15년 동안 열정적인 교회개척자의 삶을 살았다. 만약 당신과 내가 이런 **에클레시아**의 생존 방식으로 돌아간다면 그 교회는 **평신도**들의 교회가 될 것이다. 교회가 홀로 남겨져 자생하는 방식, 지역교회 신자들의 손에 **모든** 책임이 맡겨지는 방식, 그 과정에 어떤 성직도 개입하지 않는 그런 교회개척방식, **바로**

거기가 급진주의마저 넘어선 지점이다!

당신은 지금까지 1세기 교회에 존재했던 **한 가지** 혁신적인 요소를 목격해왔다. 그것은 교회개척자가, 한 도시에 들어가, 교회를 세운 후, 단기간 그곳에 머문 다음, 그 어린 교회를 에클레시아 자신의 손에 두고, 오랜 기간 그 교회를 떠나는 것이었다.

사랑하는 독자들이여! 이것은 우리 시대에 일어나는 모든 **급진적**인 시도, 그 **너머**에 있는 어떤 요소이다. 우리 이 지구상에 다시 그런 교회개척자(심고 떠나는 사람)가 등장하기를 소망하자.

여기엔 또 하나의 혁명적인 요소가 추가된다. 이 역시 **급진주의**를 넘어선 영역에서만 만날 수 있는 요소이다. 무엇을 말하는 것일까?

필수적인 두 요소: 교회를 심고 떠나는 개척자. **그리고** 그 교회개척자가 떠날 시점에 기꺼이 에클레시아와 한 몸 이뤄 그 에클레시아를 떠안을 형제와 자매들...기꺼이 홀로 남겨져 가장 위대한 모험, 즉 그들 스스로 에클레시아를 발견하는 모험을 떠나고자 결정한 평신도들!

이제 다음 장은 지금까지 당신이 알게 된 것 이상으로 당신의 삶에 변화를 줄만한 또 다른 한 가지 내용을 명백히 드러낼 것이다.

6. 세상을 흔드는 그 한 단어

이전 두 차례의 교회개척 여정에서 바울은 그가 일으켜 세운 교회들을 떠나며 그들에게 어떤 지도자도, 어떤 종류의 리더도 남기지 않았다. 그렇다면 교회개척자에게 버림받은 이 평범한 신자들은 이후 무엇을 했을까?

이들이 무엇을 했는지 알아차리는 사람이 거의 없어 보이지만 그럼에도 성경은 이 1세기의 신자들이 무엇을 했는지 그 분명한 사실을 우리에게 말해주고 있다.

이제 당신은 오늘날의 그리스도인들이 보기에 매우 새로워 보이는 한 가지 사실을 접하게 될 것이다. 이것이 새로워 보이는 이유는 그리스도의 초기 제자들이 행했던 방식을 사람들이 경험하고, 그 방식대로 생각하고 행동한지 1700년이란 세월이 흘렀기 때문이다.

우리는 이제 세상에서 가장 급진적인 교회론의 전개를 보게 될 것이다. (줄거리가 살아있는 한편의 **온전한 이야기**가 연대순으로 펼쳐질 때 부디 당신의 펜을 꼭 움켜잡고 계시기를. 사실 이것들은 너무도 명백한 성경상의 주제이지만 그럼에도 불구하고 공식적으로 이 주제를 언급한 사람이 지금껏 한 사람도 없었음을 내 주머니 속 동전들이 증언할 수 있다. 그도 그럴 것이 성직자가 떠난 후 교회가 **지도자 없는** 공동체로 전환해야 한다고 누가 일어나 주장할 수 있겠는가!)

홀로 남겨져 살아남아야 하는 평범한 신자들! 절박해진 그 남녀들이 빚어내는 힘이란 위태로우면서도 아름다운 것이다.

교육을 받은 적도 없고, 글도 모르는 문맹이며, 우리가 상상하는 그 이상으로 가난했던 이 1세기의 신자들을 주시하라. 그들과 그들의 교회는 살아남았다. 살아남았을 뿐 아니라 **번성하였다.** 번성하였을 뿐 아니라 교회 밖 사람들의 생활방식을 위협했다.

이제 당신이 긴장하면서 주시할 한 단어가 있다. 우리가 끔찍할 정도로 건성건성 대했던 그 한 마디. 그럼에도 사실은 가장 강력한 한 마디. 그것은 바로:

형제들!

사람들이, 즉 한 에클레시아가 교회개척자에 의해 홀로 남겨질 때 거기엔 무슨 일이 일어날까? 그 일을 가능케 하는 위대하고 모험적인 두 요소가 있다: (1) 떠나는 교회개척자, 그리고 (2) 홀로 남겨지는 상황을 기꺼이 받아들인 독특하고, 생기 넘치며, 창조적이고, 무모한 … 형제와 자매들!

(혹 당신이 이런 질문을 던져도 전혀 상관없다. "그런 사람들이 오늘날에도 **정말** 존재합니까!")

우리를 위해 성경에 고스란히 남겨진 이 믿을 수 없는 기록들을 읽으며 그 1세기 에클레시아의 실제적인 경험들이 당신 눈앞에 생생히 펼쳐지기를!

잠시 멈추고 스스로에게 질문해보라: "**형제**라는 그 단어와 그들의 기능으로 꽉 들어찬 교회생활을 해본 적이 있는가?"

목사, 장로, 또는 다른 한 지도자 밑에 생존하는 교회가 아니라 **그 교회 남 녀 신자들이 한 몸으로 빚어내는 기능**(corporate deeds)가운데 살아남는 교회! 교회의 운명이 전체 회중의 손에 위임된 그런 교회에 대해 당신은 들어본 적이 있는가?

아니 그런 교회를 상상하거나 꿈꾸어 본 적은 있는가?

홀로 남겨져 방치된 사람들, 그리고 떠나가는 교회개척자를 그들의 삶으로 받아들였던 이들을 사도행전에서 우선적으로 만나보자.

사도행전

베드로가 120명의 사람들 앞에 일어나 말하기 시작했다. "형제와 자매들이여..."

1:15, 16

교회가 뽑은 최초의 일곱 명은 **형제들** 중에 선택되었다.

6:3

위기를 간파하고 바울을 재빨리 도시 밖으로 **빼돌린**

사람들이 있었다. 그것은 교회 지도자들의 결단이 아니었다. 에클레시아 **형제자매들**의 결단이었다.

9:30

베드로가 다른 도시로 이동하기 위해 욥바를 떠난다. 욥바 교회의 **형제들** 중 일부가 베드로와 동행한다. (당신의 교회도 늘 이렇게 할 것이다. 정말 그러한가?)

10:23

사도들과 **형제들**이 중요한 소식을 전해 듣게 되었다.

11:1

(누가는 타고난 작가이다. 그는 형제자매들의 활약으로 가득한 1세기 교회의 모습을 거의 무의식적으로 언급함으로 우리의 이해를 돕는다. 이 사실을 언급함으로 그가 우리에게 어떤 사실을 계시하게 될지 그 자신은 몰랐을 것이다! 숨 가쁘게 전개되던 당시의 상황을 아무렇지 않게 언급하고 있지만 그것은 1세기 교회가 "사도들과 형제들"에 의해 세워지고 있었음을 우리에게 계시해준다. 사도들의 손에? 아니다. 장로나 집사의 손에? 그렇지 않다. 사도들과 형제들, 이 두 부류의 사람들에 의해!)

베드로가 이방인을 방문할지 말지를 놓고 갈등한다.

여섯 명의 **형제들**이 그와 함께 간다. (사도들과 형제들! 이들은 1세기 교회 무대의 중심에서 활동했던 두 부류의 사람들이었다.)

11:12

안디옥교회의 형제들이 예루살렘교회의 **형제들에게** 구제금을 보낸다.

11:29

감옥에서 나온 직후 베드로가 말한다. "야고보와 **형제들에게** 이 소식을 전하라."

12:17

바울과 바나바가 할례를 강제하기 위해 안디옥까지 내려온 예루살렘의 유대주의자들과 대면한다. 이 갈등의 해결책을 누가 제시할까? 장로들? 감독들? 그렇지 않다. **형제들**이 제안한다. 교회가 처음부터 형제들에 의해 이끌려오지 않았다면 이 상황에서 갑작스럽게 주도적인 리더십을 발휘하기 쉽지 않았을 것이다. 안디옥의 이 형제들은 교회가 심겨지던 초반부터 온전한 몸을 이뤄 교회를 위해 함께 애써왔다.

15:1, 2

예루살렘교회는 이제 16살의 교회가 되었다. 그리고 장로들을 두게 되었다. 교회가 세워진지 16년이 지났음을 기억하라. 그리고 장로가 된 사람들은 장로가 되기 훨씬 전부터 에클레시아의 평범한 일원으로 한 몸을 이룬 경험이 몸에 배어있는 형제들이었다. 부디 오늘날도 그러하기를! 우리는 교회가 10년이 되기도 전에 당연 장로들을 둔다. 무엇보다 장로의 직분이 주어지기 전, 에클레시아의 한 형제로 몸을 이룬다는 것이 무엇을 의미하는지조차 그들은 알지 못한다. (특히 현 시대엔 **감투를 쓰는 기쁨**에 유난히 예민하기에 그 사실이 더욱 두드러진다.)

갈등의 상황 속에서, 바울과 바나바를 예루살렘에 보낸 것은 **형제들**의 결정이었다. 그렇다. 그들은 사도들과 직면하기 위해 두 사람을 보냈을 뿐 아니라 **형제들** 중 몇 명을 그들과 함께 파송했다.

15:2

예루살렘 남쪽으로 행선하는 도중 바울과 바나바는 사마리아뿐 아니라 베니게의 교회들도 방문했다. 두 사람은 이방인들이 주께 돌아온 소식을 그들에게 알렸다. 교회의 **형제들**은 모두 크게 기뻐했다.

15:3

예루살렘교회에서 열린 총회 후, 교회는 그 결과를 안디옥교회에 확증해줄 사람을 **형제들 중**에서 뽑았다. **장로들**이 있었음에도 말이다. 예루살렘교회는 안디옥교회에 장로들을 보내지 않았다. **형제들**을 뽑아 보냈다. (바울과 바나바조차도 교회 안에서 아무런 직책이 없었고 형제자매들에 의해 교회의 대표로 선출되었다.)

15:12

사도들과 예루살렘교회의 장로들은 안디옥에 편지를 보냈다. 사도들과 대표들이 서명한 서신이었음에도 그 편지를 받은 것은 안디옥의 **형제들**이었다. 실제로 그 편지의 내용역시 안디옥교회의 형제들을 대상으로 기록되었다. 지도자들에게 보낸 편지가 아니었던 것이다! (안디옥교회는 어떤 지도자도 두지 않았다.)

대체 예루살렘교회의 편지를 받게 될 이 안디옥의 **형제들**은 서로 어떤 관계를 맺고 있었던 것일까?

15:23

예루살렘교회로부터 파견된 실라와 유다가 안디옥에 도착 했을 때, 그들은 예루살렘 총회의 결과를 누

구에게 전달했을까? 바로 **형제들**이었다. 편지의 내
용과 두 사람이 안디옥 형제들에게 증언하는 내용은
일치했다. 그런 방식으로 교회의 일들이 처리 되었
다. 목사들의 책임 하에 처리된 것이 아니다. 오늘
날 우리들이 가지고 있는 사고방식은 거기에 존재
하지 않았다. 장로들에 대한 개념 역시 마찬가지다.

15:33

(오늘날의 교회 역시 이런 방식으로 교회의 일들을 처리하는가?
정말 그런가?)

안디옥교회에 내려 온지 얼마 후, 바울과 바나바는 4
년 전, 그들이 갈라디아 땅에 세운 네 교회를 방문하
기 위해 다시 그곳을 방문하기로 결정한다. 그 계획
을 세우면서 그들이 아무렇지 않게 뱉은 말이 있다.
"우리 **형제들**을 방문하러 가자."
(왜 그렇게 말했을까? 그것이 당시 그대로의 실제였
다.) 바울의 속내는 갈라디아교회의 형제들을 보러
가는 것이지 장로들이나 목사들을 만나러 가는 것이
아니었다. 갈라디아교회 형제들과의 만남이 바울이
교회를 방문하는 목적이었다.

15:36

(당신의 교회도 그럴 것이다. 형제들을 중심에 놓고 모든 일들이 결정되고 형제들의 활약이 교회 안에서 화제가 되며 형제들이 다른 교회를 서로 방문하며 형제들이 그 소식을 서로 나눌 것이다. 그렇지 않은가?)

우리는 교회라는 말에 자연스럽게 따라붙는 **형제들**이란 한 단어를 지금 반복적으로 만나고 있다. 이 말이 계속해서 언급되는 결정적인 이유가 있다. **교회안의 모든 형제들이 교회의 모든 일을 책임지고 있었기 때문이다.** 목사가 아니다. 장로가 아니다.

바울과 바나바는 이제 불화를 겪게 된다. 그들은 서로 헤어져서 바나바는 구브로로, 그리고 바울은 실라를 파트너로 삼아 길을 떠난다.

> 안디옥의 형제들이 바울과 실라를 둘러싼 후 주님의
> 은혜에 여정을 맡기며 그들을 보낸다. (이런 일들이
> 오늘 당신의 교회에서도 일상적으로 일어날 것이다.
> 그렇지 않은가?)
>
> 15:40

교회 안에서 일상적으로 이뤄지던 형제들의 활약과 그들의 어깨 위에 맡겨진 교회의 운명이 당신의 눈에 들어오는가? 이제 바울이 그의 첫 번째 서신을 기록하는 지점에 이르렀다. 여기서 잠시 사도행

전을 멈출 필요가 있다. 바울이 어디서 어떻게 왜 이 편지를 기록하게 되었는지 알 수 있기 때문이다. 그의 말을 직접 들어보자. 우리는 그의 편지들을 기록된 연대순으로 짚어나갈 것이다.

바울의 편지는 형제들이 어떤 존재인지를 드러낸다.

안디옥교회에 머물던 바울이 갈라디아를 재방문하기에 앞서 갈라디아의 네 교회에 한 편의 서신을 작성한 시점이 바로 여기(사도행전 15:40)이다. 왜 갑자기 편지를? 할례의 칼날을 높이 들고 할례 받은 것에 큰 자부심을 느끼던 예루살렘 출신의 유대인들이 바울이 개척한 갈라디아 교회들에 침투해 그 이방인 신자들에게 모세 율법과 할례를 강제했기 때문이다. 그리스도께 돌아온 이방인들을 유대인으로 만들려는 작업! 결과적으로 네 교회는 위기에 몰렸고 이 위기는 당신이 아는 것 이상으로 심각했다. 곧 바로 펜을 든 바울! 그는 이 상황에서 누구에게 편지를 쓸까? 그 교회의 장로들에게? 아니면 또 다른 목회자?

갈라디아서-바울의 첫 번째 편지

바울은 안디옥교회의 모든 **형제들과 자매들**이 전하는 인사로 네 이방인 교회에 보내는 그의 편지를 시작한다. 그 다음, 일곱 번이나 **형제와 자매들**에게 간청하고 애원하고 호소한다. 단 한 차례도 그는 교회의 지도자들을 언급하지 않는다. 편지 전제에서 장로는 언급조차 되지 않는다. 그 교회를 짊어진 사람들, 오직 **형제와 자매들**에게 말하고 있다. 교회가 위기를 맞이했을 때 교회개척자의 눈은 장로들이 아닌 **형제들**에게 고정되어 있다.

갈라디아의 네 교회들, 그 각 교회들을 책임지던 사람들은 형제와 자매들이었다. 그 밖에 다른 어떤 존재도 아니었다.

평신도들이여, 이것이야말로 **혁신적인 교회론** 아닌가!

이제 다시 사도행전으로 돌아가 보자. 사도행전의 저자는 (편지를 먼저 보낸 후) 바울이 편지의 뒤를 따라 곧 바로 갈라디아에 들어갔음을 증언한다.

> 바울이 갈라디아에 당도한다. 각 교회를 방문한 바울은 그 교회의 **형제자매들**과 마주앉는다. 루스드라교회와 더베교회의 형제자매들은 교회가 어려움을 겪을 때 훌륭한 역할을 해냈던 청년 디모데를 바울에게 소개한다.
>
> 사도행전 16:2

바울과 실라는 그리스로 이동한다. 그들은 빌립보라는 도시에 들어가 그곳에서 얻어맞고 감옥에 던져진다. 그들은 한 달-세 달 남짓 빌립보에 머물렀다. 하지만 그 짧은 기간, 에클레시아가 세워지고 **형제자매애(愛)**가 그 안에 뿌리를 내린다. 두 교회개척자는 형

제와 자매들 외엔 어떤 리더십도 남기지 않고 그 교
회와 작별한다.

사도행전 16:40

데살로니가에 나타난 폭도들이 바울을 찾다가 발견
하지 못하자 에클레시아의 **형제들**을 해친다.

사도행전 17:6

데살로니가전후서

데살로니가교회는 세워진지 이제 세 달이 되어가는 교회이다. 그
런데 그 교회가 지역주민들과 지방정부의 핍박가운데 놓인다. 바울
의 생명도 위태롭다. 게다가 데살로니가교회의 신자들은 어떤 리더
십도 없는 상태에서 이제 막 홀로 남겨지고 있다. 그들은 단지 세 달
정도 그들의 주님을 배워오고 있다. 이때 그들은 서로가 서로에게 형
제로 다가간다. (사랑하는 독자들이여, 형제애와 자매애는 그토록 강
력한 자원이다!) 그리고 이 **형제들과 자매들**(그 외에 다른 어떤 것도
없이)이 그들 앞에 펼쳐진 상황을 짊어진다. 위기의 한 복판에서 **형
제들**은 바울을 둘러싼다. 그들은 밤이 되기를 기다렸다가 슬그머니
도시 밖으로 바울을 빼내기로 결정한다. 이 어려운 결단이 이제 막
생겨난 그 어린 교회 안에 형성된 형제자매의식에 의해 내려지는 것
이다.

"형제자매 의식"이 이미 데살로니가교회 안에 생겨
나기 시작했다! 세 달 만에! 이방인들 땅에 세워진 세
달 된 교회가 핍박 아래서 오직 그 교회 전체 형제들
의 리더십에 맡겨지고 있다.

사도행전 17:10

(여러분의 교회도 이런 상황을 감당할 수 있을 것
이다. 그렇지 않은가? 또한 교회의 평범한 신자들
이 이런 위기상황을 모두 처리해 나갈 것이다. 안 그
런가?)

사도행전 18:5에 이르면 고린도로 향하는 바울의 모습이 눈에 들
어올 것이다. 그곳에 잠시 머무는 동안 바울은 데살로니가교회로부
터 한 편의 서신을 받는다. 그는 곧장 그 편지에 답신한다. 데살로니
가의 형제와 자매들에게 보내는 이 편지에서 바울은 총 **열네 번**이나
형제와 자매들을 언급하며 권면하고 있다. 한 편지에서 열네 번!

그런데 편지를 받은 데살로니가 교회의 몇몇 신자들이 바울의 말
을 잘못 이해하는 일이 벌어진다. 그리고 혼란이 야기된다. 교회에
새로운 위기가 초래된다. 바울은 바로 그의 두 번째 편지를 써 보내
며 편지가 교회 안에서 낭독될 때 **형제자매들** 한 사람 한 사람이 귀
기울여 줄 것을 간청한다.

두 차례의 편지에서 성직자나 장로들에 대한 언급은 없다. 교회가

심각한 혼돈가운데 있는데도 말이다! 세워진지 얼마 안 된 이 어린교회가 위기를 맞은 상황에서 받게 된 편지, 그 편지 안에서 바울은 **여섯 번**이나 **형제와 자매**들을 직접 언급하며 말씀을 전한다. 성직자나 장로들에 대한 언급은 **전혀** 없다.

이제 연대순으로 따라가던 사도행전 속으로 다시 돌아가 보자. 바울은 이제 고린도를 떠나고 있다.

> 바울이 고린도교회와 작별할 때 그는 18개월 동안 거기 머물고 있었다. 이 시간이면 장로들을 세우기에 충분한 시간이다. 그러나 그는 그렇게 하지 않았다. 그가 고린도를 떠날 때 거기엔 친밀히 연합한 형제와 자매들이 교회를 짊어지고 있었다.
>
> 사도행전 18:18

이제 사도행전 18장을 주목해서 읽으며 형제들이 에클레시아를 책임지는 상황을 실제적으로 보여주고 있는 단락들을 들여다보자.

> 한 교회의 **형제와 자매**들이 또 다른 교회의 **형제와 자매**들에게 한 편의 편지를 써 보낸다.
>
> 사도행전 18:27

(당신은 한 교회의 형제들이-목사나 장로들이 아니

라- 또 다른 교회의 형제들에게 공문(편지)을 보내기
로 결정하고 그 공문을 직접 작성하고 그 공문을 실
제로 발송하는 그런 교회에 소속되어 있을 것이다.
그렇지 않은가?)

이제 바울이 다음 편지를 쓰기까지 최소 6년이란 시간이 필요하
다. 그때쯤 바울은 에베소에 머물고 있을 것이다. 그리고 그가 쓰는
편지는 고린도교회를 향할 것이다. 고린도교회는 그때쯤 8살이 될
것이고 심각한 위기를 맞게 될 것이다. 그리고 바로 그 위기가 바울
로 하여금 고린도교회에 두 차례의 편지를 쓰게 만드는 동인이 된다.
에클레시아를 바라보는 바울 고유의 관점이 그 두 편지에서 어떻게
드러날지 주목해보라.

고린도전후서

바울이 고린도교회에 **두 편**의 편지를 쓴다. 이 두 편지가 신약성
경에 나오는 교회들 중 최악의 내부적 위기를 맞은 교회에 보내진 편
지라는 사실을 기억하라. (이 편지는 사도행전 19장에 보고되는 일
련의 사건들과 같은 기간에 기록되었다.)

고린도교회에 보낸 **첫 번째** 편지에서 바울은 스물 네 번이나 교회
의 **형제와 자매**들을 직접 언급하며 그들에게 설명하고 권면하고 훈
계하고 간청한다. 그 교회 안에 어떤 종류의 리더십이 있음을 암시하
는 단어조차 발견되지 않는다. 반복해서 두 부류의 사람들만 계속해

서 언급될 뿐이다. 1세기 기독교 무대의 근간을 이루던 두 부류의 사람들: (1) 교회개척자 그리고, (2) 형제와 자매들.

이것이 오늘 우리들의 관점에서 어느 정도로 혁명적인지를 잘 생각해보라.

대충 훑어보는 것만으로도 우리는 이 지역교회를 관장하는 사람들이 누군지를 대번에 알 수 있다. 그것은 성직자가 아니다. 장로들도 아니다. 다만 그 교회 안의 **전체 형제들**이다.

고린도교회에 보낸 그의 **두 번째** 편지에서 바울은 네 번 이상 형제들을 호명하며 말씀을 전한다! 하지만 놀라운 사실이 존재한다. 고린도교회에 편지를 쓰면서 바울은 다른 교회 형제들의 활동을 그들과 나눈다. 즉 자신들의 교회를 짊어지고 주도적으로 교회의 일들을 처리해나가는 또 다른 지역교회의 형제들 소식을 고린도교회의 형제들과 나눈다는 사실이다. 그런가 하면 바울은 한 형제를 이 교회로 보내기도 하고 다른 형제를 저 교회로 보내 일을 부탁하기도 한다. **네 번씩이나!**[1] 고린도후서에서 이 사실은 여덟 번이나 언급되고 있다.

우리는 지금 이 모든 사건들을 연대순으로 살펴보는 중이다. 바울이 이탈리아에 있는 교회에 편지를 쓰는 부분에 이르기까지 우리는 사도행전을 따라 여정을 계속할 것이다! 사도행전 20장 4절, 그 지점이 바울이 로마교회의 신자들에게 편지를 보낸 시점이다.

---

[1] 교회가 한 사람의 지역교회 목회자에게 위임되었다면 결코 일어날 수 없는 일이다. – 역주

로마서

에베소를 떠나면서 바울은 고린도에 있는 에클레시아를 방문한다. 그리고 거기 고린도에 머무는 동안 로마의 그리스도인들에게 한 편의 편지를 쓴다. 로마에서 이 편지를 받는 사람들은 거의 모두 바울이 개인적으로 잘 알고 있는 사람들이다. 사실을 말하자면 바울이 이들을 로마로 보냈다. (한 번 더 1세기 교회의 두 가지 핵심요소를 강조하고자 한다. 교회개척자 그리고 형제와 자매들!) 앞서 바울은 소아시아, 갈라디아, 시리아, 이스라엘의 여러 교회들로부터 형제자매들을 차출하여 그들을 로마로 보냈다. 힘을 합쳐 로마에 이방인교회를 세우도록!

기본적으로 교리적인 내용을 근간으로 하고 있음에도 바울은 로마교회에 보내는 이 편지의 1장에서 11장에 이르기까지 **9차례**나 로마교회의 **형제와 자매들**을 직접 호명하며 말씀을 전하고 있다.

로마서에 성직자나 장로들을 언급하는 부분은 없다.

그 후 다시 에베소에 들러 거기 잠시 머물던 바울은 모교회인 안디옥을 향해 출발한다. 그는 지금 자신의 세 번째 **교회개척** 여정을 갈무리하는 중이다. 바울은 돌레마이(ptolemais)에 이르러 그 곳에 있는 교회의 형제와 자매들에게 안부를 묻고(행 21:7) 그날 밤을 거기서 보낸다.

아무 직분 없는 형제와 자매들이 에클레시아를 형성하는 공동체 의식이 당신에게 느껴지는가?

바울은 안디옥교회에 들른 후 곧장 예루살렘으로 발길을 돌린다.

그리고 예루살렘교회 형제와 자매들의 따뜻한 환대를 받지만 곧 바로 체포되어 마침내 로마로 이송된다. 죄수의 신분으로.

이탈리아에 도착한 바울

사도행전 28:14-15은 감정이 북받쳐 오르는 한 장면을 소개하고 있다. 2년 동안 예루살렘에 수감되어 있었던 바울은 마침내 로마로 이송되는데 여정 중에 끔찍한 난파를 경험한다(그의 네 번째 난파 경험). 우여곡절 끝에 이탈리아에 도착할 무렵 로마의 **형제들**이 그의 소식을 듣는다. 거리로 뛰쳐나온 그들은 마침내 바울을 상봉하고 서로를 얼싸안는다.

그렇게 큰 용기를 얻은 후 바울은 마침내 로마에 당도한다(행 28:16).

그리고 사도행전은 여기서 끝이 난다.

하지만 사도행전의 끝이 바울서신의 끝을 의미하지는 않는다. 우리는 지금까지 한 편의 **이야기**를 연대순으로 따라왔다. 사도행전은 끝났지만 우리는 그 여정을 계속할 것이다. 이야기는 **사도행전 너머**에서도 계속된다.

골로새서와 에베소서

로마에서 죄수의 신분으로 시간을 보내며 바울은 골로새, 히에라폴리스, 그리고 라오디게아에 있는 교회들에 두 편의 서신을 기록한다. 바울은 이 도시들을 방문한 적이 없다. 이 교회들도 그가 일으켜 세운 교회가 아닐뿐더러 그가 본 적도 없는 교회들이다.

이 세 교회들은 '에바브라디도'라는 젊은이에 의해 세워졌다. 바울이 에베소서를 쓸 무렵 에바브라디도는 골로새를 떠나 이탈리아로 건너와 바울과 함께 있었다.

교회개척자는 **떠난다**!

바울이 이 짧은 두 편의 편지를 장로도 없고 개척자도 **떠난** 교회에 보내고 있다는 사실을 기억하라. 바울은 이 사람들을 만난 적이 없다. 그러나 이 교회들이 오직 **형제와 자매들**에 의해 이끌리고 있었다는 것만큼은 분명하다. 서로 다른 세 대목에서 바울은 전혀 만난 적 없는 이 사람들을 "나의 형제(brethren)"라고 지칭하며 말씀을 전하고 있다. 그 외에 다른 누구도 언급되지 않는다! 단지 **형제와 자매들**, 아니면 **성도들**(saints)뿐이다.

빌립보서

골로새에 편지를 보낸 지 여섯 달 만에 바울은 교회에 보내는 편지로서는 **마지막** 서신을 기록한다. 바울이 교회들에 보낸 아홉 편의 서신중 **단 한 번** 장로에 대한 언급이 나오는데 그것이 바로 이 편지에서다.

하지만 명심하라. 그의 편지를 받게 될 이 교회는 12년 된 교회이다! 또한 기억하라. 이 사람들은 그들이 장로가 되기 훨씬 **이전부터** 다만 평범한 형제로 에클레시아의 몸을 이룬 경험이 있었고 지금도 형제로 그들 가운데 존재하고 있다. 만약 이 장로들이 "권위와 복종"

을 들어 형제들 위에 군림하려들었다면 교회안의 형제들이 이 야심 찬 장로들에게 그들이 다른 형제들과 전혀 다를 바 없는 에클레시아의 한 일원일 뿐임을 상기시켜주었을 것이다.

빌립보교회의 신자들에게 보낸 이 짧은 편지 안에 장로들에 대한 언급은 단 한 번 등장한다. 그 외, 구체적인 사안에 대해 어떻게 조치해야 될지를 조목조목 부탁하는 **여섯 번**의 권면은 모두 **형제들**을 언급한다. 교회는 장로들에 의해 이끌리지 않았다! 형제와 자매들이 교회를 이끌었다.

바울이 교회들에 보낸 아홉 편의 서신을 통틀어 장로들에 대한 단 한 번의 언급이 있다. 나머지는 모두 형제들이다. 이 짧은 편지 안에서만 그는 **여섯 차례**나 형제들을 언급한다. 그리고 바울이 단 한 번 장로들을 언급한 이 교회는 그가 편지를 보낸 교회들 중 몸살을 앓고 있지 않은 유일한 교회이다!

당신이 아는 교회들 중 이런 모범을 따르는 교회를 손꼽을 수 있는가?

하나님께서 이런 일을 일으킬 **교회개척자**를 다시 한 번 우리에게 내려주시기를! 자신이 개척한 교회와 작별하고, 그 지역에서 떠나, 지속적으로 여행하는 그런 교회개척자를 우리에게 허락하시기를! **그리고** 교회개척자에 의해 기꺼이 버려진 후 완전히 홀로 남아 그들 자신의 노를 움켜쥐고 미친 듯이 노를 저어갈 형제와 자매들을 허락하시기를!

우리는 지금까지 1세기 교회가 세워지는데 필요한 두 가지 중대한 요소를 목격해왔다. 첫 번째 요소는 교회를 일으켜 세운 후 그 교회를 떠나는 교회개척자이다. 두 번째 요소는 오직, 단지, 철저히, 다른 누구도 아닌 그 지역모임 전체에 이끌리는 교회가 바로 그것이다.

(이런 사실들이 놀라운가?! 지금까지 목사직과 관련해 출판된 수천 수 만권의 책들은 목사, 사제 등의 성직을 신앙의 중심에 놓고 그것을 이상적으로 그려왔다. 이런 책들에 의해 창조된 목사의 세계는 공중누각, 백일몽 같은 세계였다. 단 한권의 책도 지금까지 우리가 다루었던 **그런 류의 본문들**을 거론하지 않았고, 이 평범한 남자들과 여자들을 다루지 않았으며, 그들이 빚어간 **진정한 이야기**(real saga)에 근거를 두지 않았다. 이 위대한 형제들을 집중적으로 다룬 단 한권의 책이라도 당신이 본 적이 있는가?

홀로 남겨져 교회생활을 "찾아내고" 경험했던 남자와 여자들. 그리고 그들 근처에 얼씬도 하지 않았던 교회개척자들.

이들이야말로 진정 **급진주의마저 초월**한 그 너머에 존재하는 사람들 아닌가!

그런 사람들이 다시 이 지구상에 나타나 여기저기 활보하는 모습을 보고 싶지 않은가? "형제와 자매들"이 써내려간 그 드라마 속의 주인공이 당신이라면 어떨까? 한 무리의 형제자매들 속에 섞여 리더십 밖으로 완전히 내쳐질 수 있겠는가? 물이 샐 수도 있는 보트 위로 기꺼이 기어오르겠는가?

만약 "그렇다"고 대답한다면 당신은 급진주의 그 너머의 영역으로 건널 준비가 된 사람이다. 핵심을 놓치지 말자. 1세기 교회들은 순회하는 교회개척자에 의해 시작되고 평신도에 의해 견인되었다.

이런 종류의 교회개척자를 우리가 다시 만날 수 있을까?

7. 교회개척자, 당신은 지금 어디 있는가?

우리에겐 1세기 교회개척자의 핏줄을 이어받은 사람이 필요하다. 그리고 교회의 모든 책임을 기꺼이 떠맡았던 1세기 신자들과 같은 형제와 자매들이 필요하다. 이 두 가지는 필수 불가결한 요소이다. 그러한 교회개척자가 있다면 그러한 형제와 자매들은 더불어 존재하게 될 것이고 우리의 배를 저어갈 삿대 역시도 쉽게 발견될 것이 분명하다. 그런데 왜 그러한 교회개척자가 주변에 보이지 않을까? 거기엔 몇 가지 분명한 이유들이 있다.

그러한 교회개척자가 존재하지 않는 이유, 그리고 아무도 대뜸 이 일에 나서지 않는 그 **첫 번째 이유**는, 실제로 교회개척자 자신이, 살아 숨쉬는, 대담한, 사변적이지 않은, 자유로 가득 찬, 형식에 얽매이지 않는, 그리고 율법에서 자유로운 그런 **교회생활** 속에서 성장한 경험이 있어야하기 때문이다. 그런 교회를 개척하기 **이전**에 그런 교회에서 자란 경험이 선행되어야 한다는 말이다.

다만 평범한 한 형제로 그런 교회에서 살아보라. 그것이 **먼저다!** 대부분의 목사들은 자신이 달려가던 길을 멈추지 않을 것이며 그들의 전통적인 목회를 내려놓지 않을 것이다. 거의 모든 목사들이 목회에 대한 다음 두세 가지 생각을 그들의 잠재의식 속에 가지고 있다.

첫째, "나는 세상을 지옥에서 구하기 위해 분투하지 않을 수 없다. 고로 2-3년을 쉴 수도 없고 내가 평신도가 될 수도 없다!"

둘째, "나보고 직업을 가지라고? 당신 미쳤는가? 차라리 굶어죽겠다!"

셋째, "나는 지금까지 계시를 받으며 살아왔다. 나는 당신이 말하는 이 모든 것을 지금 당장 이해할 수 있다. 그러므로 나의 목회를 중단하지 않고서도 나는 이 모든 일들을 해낼 수 있다! 나는 당장 교회 개척을 시도하겠다."

그에 대한 답변들:

첫째: 그렇다. 당신은 그렇게 할 수 없다.

둘째: 그것이 당신에게 좋다.

셋째: 당신은 할 수 없다.

세 번째 항목에 대해 부연설명하자면, 당신은 교회를 개척하는 일을 과소평가하고 있는 반면 당신의 능력을 과대평가하고 있다. 몇 년간 그저 앉아서 성직자의 냄새가 **빠져나가게** 하라. (생계를 위한 직업을 가질 때 이에 큰 효과를 본다.)

먼저 교회생활을 발견하라. 그러면 교회생활을 경험하기 전에 교회를 개척하러 뛰쳐나가지 **않은 것**에 대해 당신의 주님께 무릎 꿇고 감사하게 될 것이다.

얼마간의 겸손, 약간의 휴식, 그리고 세상의 어떤 신학교보다 월

등한 에클레시아에서의 배움! 이것이 선행되어야 한다.

예수 그리스도를 경험하기 위해 당신이 잠시 배움의 시간을 갖는다고 해서 그것이 당신의 성직을 훼손하지 않는다. 그럼에도 이 교회생활(실제적이고 유기적인)을 경험하기 위해 필요한 약간의 시간이 하나님의 부르심을 받는 대부분의 사람들에게 너무 무리한 요구로 들리는 것 같다. 당신이 심기로 작정한 그런 교회에 당신이 먼저 몸을 담아보지 않고 개척을 시도하기란 훨씬 더 어려운 일이다. 이 간단한 사실조차도 당신이 평범한 형제로 교회생활 속에 들어갔을 그때 깨닫게 된다.

역설적이지만, 급진적인 사람일수록 더 재능이 많고 재능이 많은 사람일수록 평범한 사람의 자리에 앉으려하지 않는다.

그렇다면 하나님의 부름 받은 사람들이 **급진주의 그 너머로** 발을 딛는 일은 언제 일어나는가?

이 무모할 정도로 대담한 사람들은 한 세대에 한 두 사람정도 나오는 것 같다. 그 밖에 세대 당 5백만, 천만, 어쩌면 2천만 명에 가까운 목사들이 이 분명한 1세기의 방식을 왜 **아무도** 따르지 않는지 나로서는 달리 설명할 방법이 없다. 겸손, 깨어진 마음, 절박함, 계시의 문제일까! 아니면 위험부담을 짊어질 용기의 문제일까! 그저 단순히 "영적인 갈급함"이 없기 때문일까! 분명한 것은 돈 문제는 아니다. 그렇지 않은가? 수용력이 부족해서일까?

목사가 되기 **이전** 교회생활을 먼저 경험해야 한다는 제안이 과연 성경적인지에 대한 의문이 있을지도 모르겠다. 한 번 살펴보자.

8. 교회를 개척하기 전에

　　교회개척자들은 자신들이 먼저 교회생활 속에서 성장했다! 교회 개척자가 자신이 개척한 교회를 떠나버린 그런 이상한 교회 속에서 그들은 자라났다. 교회개척자가 되기 이전에 그들은 먼저 그 환경을 경험한 것이다! 그것이 성경적으로 사실인가? 그렇다.

- 첫 열두 명의 교회개척자들은 4년 가까이 예수 그리스도와 함께 지내며 교회의 태아가 형성되는 과정을 경험했다. 이것은 하나님의 부르심을 받은 그 사람들이 예루살렘에 교회를 세우기 이전에 가졌던 경험이다.
- 바나바, 아가보, 스데반, 빌립, 실라, 유스도는 사역자가 되기 전에 모두 교회 안에서의 삶을 경험하였다.

　　이들이 등장했을 때 이들 뒤엔 이들이 자란 교회가 그 배경이 되어주었다. 왜냐하면 교회 전체가 이 사람들을 깊이 알고 있었고 이들을 열정적으로 돕고 싶어 했기 때문이다. 에클레시아는 매일의 교회 생활 속에서 검증된 이 사람들을 깊이 신뢰했고 이들을 지지하였다.

교회 안에서 이들과 함께 살아온 다른 형제들은 매우 실제적으로 이들을 알고 있었고 사랑했으며 지원하고 있었다. 함께 교회생활을 체험한 에클레시아라면 그들 중에 누가 하나님의 부르심을 받든 부르심을 받은 그가 누구든 깊은 애정으로 그를 지원할 것이라고 나는 확신할 수 있다. 부름 받은 사람이 영 그럴만한 그릇이 아니거나 시기상조라는 판단이 서지 않는 한, 또는 그가 직업적으로 그 일에 나서는 경우만 아니라면 교회생활의 독특한 성질을 경험한 성도들은 마음을 다해 그 사람을 돕고 싶어 할 것이다.

- 바울은 그의 첫 번째 교회개척 여정을 시작하기에 앞서 안디옥교회에서 4년 동안 바나바 밑에 있었다. 그 후 바울이 이방인교회개척을 위해 나서자 안디옥교회 전체가 그를 지지해 주었다.
- 예수님께서 그의 열두 유대인 교회개척자들을 훈련시키셨던 것처럼, 바울은 에베소에서 여덟 명의 이방인 교회개척자들을 훈련시켰다. 바울이 이 일을 해낸 방식은 가히 천재적이다. 자신이 개척한 이방인교회 안에서 교회생활을 경험한 젊은이들을 불러 모았기 때문이다.

교회의 일꾼을 길러내는 사람은 바로 교회개척자이다. 그리고 그 교회개척자들은 자신들이 먼저 교회생활을 경험하였다. 기억하라. 교회개척자들은 교회개척자에 의해 심겨진 교회 안에서 성장하였다. 교회를 세운 후 그 교회를 떠나가는 교회개척자에 의해 세워진 그런 유기적인 교회 안에서의 생활!

　바울이 훈련시키기 위해 에베소로 불러 모았던 젊은이들은 모두 교회개척자에 의해 세워진 교회 안에서 생활하고 성장했던 사람들이었다. 에베소에 모이기 전, 그 젊은이들은 각자 그들이 속한 지역 교회에서 **이미** 다른 신자들과 한 몸을 이루었던 경험을 가지고 있었다. 이 여덟 명의 이방인 젊은이들은 구원받은 이후 교회생활 **안에서** 영적으로 성장한 사람들이었다. 이것이 성경적으로 사실인가?

　아리스다고와 세군도는 데살로니가 교회에서 구원받고
　성장한 젊은이였다.

　소바더는 베리아교회 안에서

　가이우스는 더베 교회에서

　디모데는 루스드라 교회에서

　두기고와 드라비모는 에베소 교회에서

　그리고 디도는 안디옥 교회에서 구원받고 그 안에서 성장했다.

　행 20:4을 보라.

　이 사람들이 바울에 의해 훈련받은 여덟 명의 젊은이들이다. 이후 여기에 에바브라디도가 더해진다. 골로새가 고향인 에바브라디도는 에베소에 들렀다가 회심한 것으로 보인다. (골로새는 에베소에서 약 90마일 떨어진 마을이다.) 그는 고향으로 돌아가 골로새뿐 아니라 인접마을 히에라폴리스, 라오디게아에도 교회를 세웠다. 그리고 그들에게서 **떠났다**!

이 모든 사람들이 교회개척자가 되기 **전**에 교회생활을 경험하였다. 모두가 교회 개척자 밑에서 훈련받은 사람들이다. (**이 훈련**이 세미나를 의미하는 것이 아님을 알아주시기 바란다!) 이 모든 이들이 이미 교회생활을 경험한 사람들이었다.

사역자가 되기 전에 교회생활을 경험하지 않은 사람이 한 사람 있다. 그 이름 **아볼로**! 결국 그는 모든 사람들에게 고통을 안겨주었다! [2]()

우리 안에 교회개척자가 왜 그렇게 드문지, 우리에게 교회개척자가 얼마나 절실한 존재인지 당신은 이제 최소한 한 가지 이유는 알게 되었다.

혁신적인 변화를 위해 필요한 또 다른 인물은?

(여기에 대해선 『기독교가 상실한 유산들』을 읽어주시기 바란다. 그것은 하나님의 사람들이 훈련받은 1세기적인 방식을 다루고 있다.)

* * *

사랑하는 독자들이여. 만약 이 책을 읽는 여러분 중에 목사나 하나님의 부르심을 느끼는 신학생이 있다면 여러분의 사역을 내려놓지는 마시라. 다만 교회안의 평범한 형제로 지내는 시간을 가지라.

---

2) 그로 인해 일어난 고린도교회의 분열과 그 분열이 교회와 바울에게 주었던 충격적인 아픔을 의미한다. 역주.

그것은 정말 좋은 방안이다. 게다가 성경적이기까지 하다. 단 계시를 따라 그렇게 하시라. 당신의 영혼을 깨우는 계시! 부디, 행동으로 해결되지 않는 일들이 있음을 아시기 바란다. 그것은 하나님으로부터 당신에게 흘러오는 거룩한 계시의 영역이다.

이 중대한 일들-교회를 세우고 그 교회와 **작별**하는 독특한 하나님의 사람, 그에 의해 세워지는 심오한 영성의 교회-이 다시 한 번 이 땅에 실현될 조짐이 우리 모두를 손짓하고 있다. 사람들이 급진적이라고 알고 있는 그 영역 훨씬 너머로.

이제 정리할 지점에 이르렀다.

당신은 이 혁명을 위해 준비된 사람이든, 그렇지 않든, 둘 중 하나임에 분명하다.

만약 전자라면, 당신이 읽어야 할 책, 들어야할 테이프, 어쩌면 방문해야 할지도 모를 한 두 교회가 있다. 지금 말한 것들이 단순히 1세기를 다룬 이론이 아니라 지금...여기...이 지구상에서 실제 일어나는 일들임을 당신의 눈으로 확인하기 위해.

사느냐 죽느냐를 가르는 유일한 근거는 희망의 끈이 있느냐 없느냐에 달려있다.

그리고 … 당부의 말

정말 바뀔 수 있을까?

당신의 손에 들려있는 이 책이 영어권의 성직자, 목사, 그리고 기독교 사역자에 의해 읽혀진다고 해보자. 어떤 영향을 줄 수 있을까? 다음 주 주일 아침의식에 변화가 찾아올까, 아니면 정확히 지난주와 똑같을까? 내년쯤엔?

우리가 현재 가지고 있는 의식(儀式)과 관행들이 어떻게 시작되었는지에 대한 역사적 정보(당신이 이 책의 처음 세 단원에서 읽었던!)는 사람들이 지금 하고 있는 일들에 어떤 변화를 가져오지 못한다. 현행 복음주의 권 기독교의 관행들은 지속적으로 행해질 것이다. 영원히. 사랑하는 독자들이여. 그것이 현실이다.

실례로 종교개혁을 들어보자. 개혁의 시기에 주어졌던 계시와 자원들에도 불구하고 그것은 로마 가톨릭에 작은 변화조차도 가져오지 못했다. 가톨릭은 자신들의 관행을 정당화할 성경적 근거를 거의 가지고 있지 않다. 그럼에도 그들은 자신들의 모든 관행을 정당화한다....성경에 의해! 복음주의 역시 처음 기독교와 상관없고 성경적이지도 않은 수많은 관행들을 가지고 있다. 하지만 로마 가톨릭처럼 그 모든 것을 여전히 정당화한다. **성경을 손에 들고서!** 실제 사실과 상관없이 깊이 뿌리내린 그 사고방식들을 당신은 깨뜨릴 수 없다. 종교개혁동안 가톨릭은 조금도 바뀌지 않았다!

복음주의 기독교 안에는 깊이 뿌리내린 전통들이 있다. 그 전통들은 가톨릭의 관행들이 그들에게 신성한 것만큼이나 개신교도들과 복음주의자들에게 신성하게 여겨진다.

상황은 바뀌지 않을 것이다.

오늘날 복음주의 교회와 선교단체에서 일하며 생계를 해결하는 사람들이 영어권에서만 3백만-5백만 명이다.

이것을 상상해보라

그들의 집과 매월 받는 보수를 포기하는 목사들을 상상해보라. 3 백년 된 그들의 선교방식을 포기하고 바울의 교회개척 방식으로 되돌아가는 선교사들을 떠올려보라. 전 세계의 모든 선교 위원회가 문을 닫는 경우를 한번 상상해보라(그것들이 비 성경적인 방식들이기 때문에). 목사관과 교구를 떠나 생계를 위해 직업을 찾고 스스로 일하며 자신의 부르심을 따르는 성직자들을 그려보라. 모든 교회 건물들을 포기하고 문 걸어 잠그는 상황을 상상해보라. 그런 다음 하나님의 백성들이 자발적으로 가정 모임으로 돌아가 목사나 혹은 그들을 인도하는 어떤 리더도 없이 (차라리 이따금씩 목사의 방문을 받을지라도) **교회생활**을 경험하는 장면을 떠올려보라.

여섯 달 동안 한 무리의 신자들과 함께 일한 후 자신이 그들을 떠날 것이라고 말하는 목사를 한번 생각해보라. 그 경우 거기 모인 사람들 스스로 그 모임을 이끌어야 하고 그들이 모이던 건물은 폐쇄될 것이라고 말한다면? 사람들은 집에서 모여야 할 것이며 그는 2년 동안 그들을 도우러 오지 않을 것이다. 다시 돌아올 경우 그는 단지 두

주만 머물러야 한다!

　자, 그럼 이제 마지막으로 이 모든 얼토당토 않은 제안을 따라갈 멤버들이 몇 명일지 한번 계산해보라! 장로와 집사들이 기꺼이 그들의 직분과 명함을 내려놓는 모습도 상상해보라. 당신 생각엔 얼마나 많은 목사들이 이 일을 실행할 것 같은가? 또 당신의 교구 사람들 중 몇 명이나 여기에 동의할 것이라고 생각하는가?

의지부족

　지금은 거의 모든 사람들의 눈에 가려진 이 1세기의 **이야기**를 만약 모든 사람들이 알게 되었을 때, 과연 몇 명의 목사들이 일어나서 "우리들의 처음교회, 우리의 뿌리를 찾아갑시다!"라고 말할까?

훈련부족

　무엇보다 이것을 한번 생각해보라. 1세기 교회가 세워졌던 그 강력한 방식으로 교회를 개척하도록 훈련받은 목사들이 있을까? 교회를 세우기 전, 이런 엉뚱한 방식으로 세워지고 성장한 공동체에서 교회생활을 경험한 사람은? 아니 그런 교회를 **목격**한 사람이라도 있을까? 이 무모한 모험과 대담하고 위험스러워 보이는 방향전환을 대비해 주님의 사람들을 준비시키는 사람은? 그런 사람들이 존재할까? 천년 동안 몇 명이나!

이 세상의 모든 신학교들이 문을 닫고 하나님의 일꾼들을 훈련시켰던 1세기 교회개척자의 사고방식으로 돌아간다고 가정해보라. 현장에서의 훈련방식.

복음주의 기독교가 예수님과 바울이 교회개척자를 세워냈던 방식으로 하나님의 일꾼들을 훈련시킨다고 상상해보라. 여덟 명의 이방인 사역자들이 바울에게 훈련받았던 그 방식으로 **모든** 목사들이 그들의 사역을 준비한다고 생각해보라.

세상의 교단본부들이 해체된다고 생각해보라! 우리가 알게 된 그 **이야기**의 방식으로 돌아가기 위해 자신의 사역을 기꺼이 포기하는 사람들을 당신은 상상할 수 있는가? 무장한 군대를 동원하지 않고선 그런 전환이 쉽지 않을 것이다. 무력을 동원하더라도 이와 같은 급진적인 변화는 **결코** 완성되지 않을 것이다.

당신은 선교조직과 단체들이 문을 닫는 것을 상상할 수 있는가? **성경**으로 돌아가기 위해 말이다! 경제적인 스트레스 하나만 생각해도 끔찍할 것이다. 수 천 수만 명의 그리스도인들이 그들의 직업을 잃게 될 것 아닌가!

"성경대로, 신약성경의 모범대로 합시다. 우리 하나님의 말씀에 순종합시다."라는 목소리가 얼마나 강력한지와 아무 상관없이 돈, 안전, 단란한 가정의 요구는 그 위대한 선언을 건조한 구호로 만들어버린다. 그리고 우리는 그 목소리에 순종하는데 이미 익숙해져 있다.

비록 생계가 위협받고 손상되더라도 수세기동안 묵과해왔던 그 인위적인 관행들을 우리가 폐기해버리면 어떨까?

그런 변화가 수백만 명을 직업과 고용 밖으로 밀어내고 무일푼으로 내몰더라도 이 장애물을 우리가 한번 거둬내 보면 어떨까? 기독교 교단과 선교조직에서 생계를 영위하는 삼사백만 명의 그리스도인이 자신의 일을 그만두기로 결정하는, 그것도 매우 **행복하게** 그 결단을 내리는 모습이 당신의 눈에 그려지는가?

혹 지구 위 5억의 개신교 신자들 모두가 이 책을 읽는다 할지라도 기꺼이 이 시나리오에 동의할 사람은 불과 몇 사람뿐임을 당신은 알고 있는가?

우리가 그동안 행해왔던 방식들을 우린 포기하지 못할 것이다. 그리고 기독교는 흘러온 그대로 계속 흘러갈 것이다.

만약 당신이 (1) 이 급진적인 변화가 오늘날 복음주의 교회들안에서 실제 일어날 수 있다고 믿는다거나... (2) 그러한 급진적인 변화를 꾀하는 기관에서 현재 일하고 있는 사람이라면, 당신은 혁신을 위해 준비된 사람이 **아니다**.

부디 개신교가 만들어낸 이 현재의 관행들이 계속되게 놔두라. 그들의 평안을 방해하지 말라. 현재의 상황을 절대로 공격하지 말라. 더욱, 당신이 현재의 기독교적 관행들 안에 속해 있고 거기에서 행복을 누리고 있다면 거기 **머물라**. 전통과 조직이 유지되도록 하라.

혁명에 참여할 유일한 사람들은 다만 자신이 속해있는 곳에서 더 이상 견딜 수 없음을 스스로 인지하고 **떠나야만 한다**는 사실을 알게 된 사람들이다.

당신이 떠나게 된다면, 겸손히 … 그리고 조용히 떠나라. 당신이 떠날 때 문을 세게 닫고 나오지 말라. 아무도, 아무것도 비난하지 말라. 거기 머무는 사람들은 그리스도 안에서 당신의 형제요 자매들이다.

오래된 가죽부대에 칼을 대지도 말고 탄력을 잃은 가죽부대 안에 새 술을 넣으려고 시도하지도 말라.

예수께서는 유대교 한복판에 거하셨다. 주님은 유대교를 끝낼 방안을 찾지 않으셨다. 부디 이 사실을 놓치지 말라! 그때와 동일한 종교가 **여전히** 여기에 존재한다. … 그때로부터 2천년이 지난 지금도! 주님의 지혜가 여기서 빛난다. 주님은 우리에게 그들의 일에서 떠날 것을 말씀하시고, 그들은 그들이 하는 일을 계속하도록 허락하셨다. 하지만 그 분은 우리에게 **떠날 것**을 말씀하셨다.

하나님의 백성들에게 예의를 잃지 마시라!

무엇보다 당신 자신이 하나님의 백성 중 한 사람이 아닌가! 당신 스스로 편안해져야 한다! 적의를 가진 사람이 급진적인 변화에 참여할 수는 있지만 **급진적인 변화 그 너머의 영역**에 참여하진 못한다.

당신과 나는 다만 혁명의 한 조각을 보게 될 뿐이다. 그것은 우리에게 다가오고 있지만 천천히 다가올 것이다. 우리가 말하는 것은 기독교 역사, 그 거대한 물줄기가 전례 없는 변화를 경험하게 되는 것을 의미한다.

그러한 변화는 **한 세대**에 일어날 수 없다. 그런 적도 없었고 그렇게 되지도 않을 것이다. 당신이 무력으로 그 변화를 이끌어내면 모를까! 그러나 우리는 그렇게 하지 않을 것이다.

이런 거대한 변혁이 가지고 있는 한계를 분명히 알아야 한다. 거대한 변혁은 본질상 열매를 맺기까지 200-300년의 시간이 걸린다.

너무도 아름답고, 너무도 단순하고, 너무도 명료하며, 지극히 서로를 위하는 기독교 신앙의 진수를 가톨릭과 개신교가 자신들의 눈으로 **목격**할 때, 그리고 그날그날의 교회생활 가운데 주어지는 놀라운 경험들에 완전히 사로잡혀 살아가는 하나님의 백성들을 그들의 눈으로 **목격**할 때...단지 그 때에만, 그것도 **아주 조금** 그들은 자신의 옛 것들을 버리기 시작할 것이다.

최소 300년은 필요하다

"하지만 핍박이 닥치면 상황이 달라질걸요."...누군가 이렇게 말하는 것을 들었을지 모른다.

그것은 사실이 아니다. 핍박으로 사고방식의 전환이 일어나지는 않는다. 무력으로 종교가 축적한 문화를 무너뜨릴 수는 없다. 이것을 유념해두라. 가톨릭은 루터교도들을 학살했다. 루터교도들은 변하지 않았다. 개신교도들은 가톨릭 신자들을 학살했다. 가톨릭은 변하지 않았다. 양쪽 모두 상대를 어둔 구석으로 내몰았다. 하지만 이후 핍박에서 벗어났을 때 그들은 자신들의 습관으로 완전히 복귀했다.

미국의 그리스도인들이 과거 공산치하에 있던 러시아의 지하교회를 방문했을 때 그들은 그 사람들의 순수하고 성경적인 믿음을 칭송했다. (핍박을 감내하는 그들의 숭고한 믿음, 숲속에서 갖는 비밀

스런 모임 등.) 그러나 실제로 그리 아름다운 것만은 아니었다. 지하교회들이 밖으로 나왔을 때 그들은 바로 교회 건물을 짓기 시작했고 지금 개신교도들이 하고 있는 그 모든 관행으로 되돌아갔다. 하룻밤의 변화였던 것이다.

그들이 모임을 갖던 그 숲속...심지어 거기에도 목사가 있었다. (목사직은 끝나지 않는다.) 숲속에 숨어 모임을 가질 때조차도 하나님의 백성들은 목사 주변에 둘러서 다만 듣고 있었던 것이다. 그 숲속에서조차 그들은 두곡의 찬송을 부른 후, 기도하고, 다시 두 곡의 찬송을 부른 후, 헌금 바구니를 돌리고, 그 다음 목사가 설교했다. 그런 다음 축도(축복기도)가 끝나면 모두 집으로 돌아갔다.

안 된다. 핍박은 교회의 현재 관습에 변화를 주지 못할 것이다.

그것들은 변한 적이 없다. 러시아의 지하교회가 핍박을 면했을 때 서구교회에 들려온 그들의 첫 번째 목소리는 "우리가 교회 건물을 지을 수 있도록 경제적인 지원을 해달라."는 메시지였다. 오늘날 러시아교회는 여전히 교회 건물과 목사들을 보유하고 있고 그들이 모일 때 두곡의 찬송, 기도, 또...

그리고 침묵하는 평신도들은...앉아있다. 또한 앉아있는 평신도들은...침묵한다.

교회 안에서의 그리스도 중심성

핍박은 우리의 관습과 사고방식에 어떤 변화도 가져오지 못한다.

우리 개신교적 사고방식의 구도자체가 깨질 때만이 급진적인 변화가 시작될 것이다.

1세기 사고방식으로 돌아가는 것이 유일한 희망이다. 1세기 에클레시아가 가졌던 그 경험으로, 교회생활 속에서 그리스도와 만나던 그들의 그 놀라운 능력으로, 그리스도를 아는 그들의 지식과 그것을 나누던 그 친밀한 표현으로! 모든 모임의 중심에서 그리스도를 목격하는! 모든 것이 신자들에게 위임된 그리스도의 몸 안에서 성직자가 서 있던 그 자리에 그리스도를 모시는! 그리고 교회의 **중심**으로 그분을 경험하는! 그날그날의 모임과 주말 모임의 방향과 내용이 형제자매들 **속에서** 흘러나오는! ...그것이 우리의 유일한 희망이다.

이제 우리의 시선은 **당신**을 향하고 있다.

당신이 가늠해볼 몇 가지 질문이 있다.

지금 기독교에 주어진 시나리오를 도저히 수용할 수 없을 만큼 당신은 절망하고 있는가?

그렇다면 그 절망을 가늠할 핵심적인 질문이 하나 더 기다리고 있다.

당신은 매우 급진적인 혁명, 아니 급진적인 혁명 그 너머...당신의 인생전체를 바쳐도 성공할 수조차 없는 그 혁명에 기꺼이 참여하겠는가? **그것은** 실로 혁명이 아닐 수 없다.

절망적인 상황이야말로
우리의 삶을 가치 있게 만든다.
이것이 절망적인 상황의 역할이다.

급진적인 삶을 살아온 남녀 그리스도인들의 지속적인 초청과 그들이 증언하는 전례 없는 체험들 … 전통적인 교회 밖에서 그리스도를 따랐던 이 사람들의 목소리 … 수 세기에 걸쳐 울려 퍼진 목소리 … 결국 급진적인 삶 그 너머까지 발을 내디딘 이 거룩한 사람들의 목소리는 … 어느 날 하나로 뭉쳐 우리 기독교에 거대한 영향력을 미칠 것이다.

그 승리의 순간을 당신과 나의 당대에서 보지 못할지라도. … 오히려 그것이 이 혁명에 뛰어든 우리의 삶을 더욱 가치 있게 만든다.

바울 서신의 바른 순서

이 목차를 따라 당신 자신의 1세기 이야기를 구성해보라.

1. 갈라디아서-행 13:12을 보라. (사도행전에 나오는 사건들의 순서로 보았을 때, 바울이 갈라디아서를 썼던 배경이 여기서부터 시작된다. A.D. 49년 시리아 안디옥교회에서 기록되었다.

2. 데살로니가전서-행 18:1을 보라. A.D. 51년 말, 그리스의 고린도에서 기록되었다.

3. 데살로니가후서-전서를 기록한 지 약 3개월 후. 사도행전 18:1을 보라. A.D. 52년 초에 기록되었다.

4. 고린도전서-데살로니가후서를 쓴지 6년이 지났다. A.D. 57년 중반 에베소에서 기록되었다. 사도행전 19:22-23.

5. 고린도후서-A.D. 57년 여름, 에베소 혹은 빌립보에서 기록되었다. 사도행전 20:1을 보라.

6. 로마서-고린도에서 기록되었다. A.D. 57년 늦겨울 혹은 A.D. 58년 초. 사도행전 20:2

다음에 나오는 서신들은 사도행전이 기록된 이후의 편지들이다.

7. 골로새서, 에베소서, 빌레몬서-모두 A.D. 61년 말 혹은 A.D. 62년 초 로마에서 기록되었다.

8. 빌립보서-A.D. 63년 로마에서 기록되었다.

9. 디모데전서-A.D. 63년 말, 북 그리스(마케도니아), 아마도 니고볼리(Nicopolis)에서 기록되었을 것이다.

10. 디도서-디모데전서와 거의 같은 시점에 기록되었다.

11. 디모데후서-A.D. 67년 말, 로마에서 기록되었다.

2부 • 우리는 정말 신약성경적인가?

"우리는 성경말씀 그대로를 믿는 교회입니다."

"우리 교회는 하나님의 말씀에 기초하고 있습니다."

"우리는 신약성경적인 교회입니다."

"우리는 성경말씀 그대로를 선포합니다."

"우리는 성경말씀에 순종합니다."

우리가 이렇게 말할 때 이것이 의미하는 바는?

우리가 실제로 하나님 그분의 말씀 앞에
신실하다는 뜻인가?
그럴 수 있다.
그 말이 의미하는 바가 만약 … 라면

우리 교회가 오늘날 하고 있는 그 일들이 성경에
기록되어 있다면 우리는 분명 성경적이다.
하지만 오늘 우리 교회가 하는 그 일들이 애초
신약성경에 나오는 교회들이 했던 일들과
아예 다르다면 그래도 우리가 성경적인가?
1세기 교회들의 모습이 정말 궁금해서
그 실제 모습을 확인하려고 성경을 보는 것과
오늘 우리 교회가 하는 일들을 뒷받침할
성경 구절을 확보하려고 성경을 보는 것 사이엔
큰 차이가 존재한다.
이러한 차이는 자연스럽게
우리를 훨씬 더 중요한 질문으로 이끈다.
: 1세기엔 실제로 무슨 일이 일어났던 것일까?

1세기 교회들의 실제 모습에 정말 관심이 있는가?
그렇다면 이 수수께끼를 풀어보라. :
지난 1800년 동안 1세기 교회의 이야기를
우리에게 들려준 사람은 없었다.
30년에서 70년까지의 일들을 한편의 이야기로
들려준 사람 혹은 기록한 사람이 있었는가!
그에 대한 논의 자체가 없었다.

1. 우리가 정말 성경적인가?

"만약에"

만약 우리가 현재의 교회를 **성경 속의 그 교회**로 받아들인다면 우리는 성경적이며 하나님의 말씀에 신실하다고 고백할 수 있다. 그러나 오늘날의 교회가 전혀 성경에 뿌리를 두고 있지 않다면, 즉 1세기 교회와 무관하다면?

오늘날의 교회가 정말 성경적일까? 우리의 교회가 성경에, 그리고 처음교회가 했던 일들에, 30년에서 70년 사이 그 교회들 안에서 매해 일어났던 그 **이야기**에 잇댄 교회일까? 만약 그렇지 않다면 그 땐? 우리가 성경적이지도 않고 신령하지도 않으며 하나님의 말씀 앞에 서 있지도 않을 뿐 아니라 오늘날의 교회 그대로를 성경적인 교회로 받아들일 수 없다고 공개적으로 선언할 수밖에 없다.

이 두 길 외엔 다른 대안이 없을까?

제 3의 길이 존재한다.

1세기의 교회들이 정말로 어땠는지를 찾아낼 수 있다. 1세기에 정말로 무슨 일들이 펼쳐졌는지를 발견하면 된다.

그 다음엔,

찾아낸 그것에 기초해 초기 교회가 신약성경 속에 남겨놓은 그 패턴에 우리의 모든 것을 굴복시키면 된다. 우리에겐 1세기 교회의 성령과 그들의 모임을 회복해야 할 절대적인 필요가 있다. 아니면 "우리가 성경적이다."라는 말을 포기하고 하나님의 말씀 앞에 나름 신실하다는 모든 최면에서 깨어나야 한다.

우리는 뿌리로 돌아갈 필요가 있다. 그때만이 "우리가 성경적이다."라는 고백을 스스럼없이 할 수 있게 된다.

난제(難題)

사람들이 자부심을 가지고 선언하길 좋아하는 말이 있다. "우리는 신약성경에 나온 그대로를 실천합니다." 하지만 그 판단이 신약성경 전체를 통전하는 이야기에 근거해 내린 결론인지, 신약성경에서 뽑아낸 몇 구절들에 지지를 받는 결론인지를 생각해보라.

오늘 우리의 관행들은 1세기 이야기가 들려주는 그 장엄한 역사에 기반을 둔 것이기보다 여기저기서 발췌해낸 단편 구절들에 간신히 지원받는 것들이다.

2. 신약성경을 '볼' 것인가 '이용' 할 것인가?

캔버스

1세기 기독교 전체를 담아낸 그림을 우리는 본 적이 없다. 지난 1800년 동안 줄곧 그래왔다. 기독교 신앙이 1세기 전경(全景)에 뿌리를 둔 적은 없었다. 다만 여기저기서 성경 구절을 발췌해내고 그것들을 다시 이어붙인 말씀들에 지탱되어왔다. 성경에 대한 이런 접근방식 때문에 우리에겐 1세기 전경을 볼 기회가 주어지지 않았다. 그 결과 성경 말씀은 오늘날의 기독교 관행을 합리화하는 누더기 조각이 되어버렸다.

1800년 동안 우리의 기독교는 처음교회가 했던 일들을 재발견하려는 모든 시도에 날카로운 반응을 보였다. 한 폭의 캔버스에 담긴 전경(全景)을 보는 것과 이어붙인 그림 조각들을 보는 것 사이엔 분명한 차이가 존재하지만 우리는 1세기의 광대한 그림 전체를 볼 기회가 없었다. 한 마디로 1세기 교회의 전경은 우리에게 존재한 적도 없었고 그것을 목격한 사람도 없었다. 우리는 그저 이어붙인 그림 조각을 가지고 있었을 뿐 한 폭의 온전한 그림을 소유한 적이 없었다.

위대한 질문 "왜"

우리 신앙의 초기모습을 담아낸 **온전한** 그림을 우리는 왜 찾아 나설 생각을 못 했던 것일까? 손상되지 않은 그 전경을 우리에게 설명해줄 책은 어디에 있을까? 30년~70년 사이 일어났던 일들을 온전히 알 때까지 우리는 단지 부분적으로 이해할 뿐 그 전체 이야기를 들을 수 없다. 그 전체 이야기를 상실함으로써 우리는 조각난 문장, 즉 몇 몇 성경 구절들에 의지해 지탱되는 교회를 얻게 되었다!

만약 그 전경이 펼쳐졌을 때, 즉 성경을 한 편의 이야기로 이해하게 되었을 때, 사람들 안에 어떤 일들이 일어나게 될까?

모델

우리가 어떤 분야를 이해하기 위해선 그 분야에 대한 **모델**이 존재해야 한다는 사실을 알고 있는가? 하지만 기독교 신앙은 그 떠올릴 모델이 없다. 1세기 교회를 이해하기 위해 머리에 떠올릴 "1세기 교회"가 없는 것이다. 즉 그 모델이 존재하지 않는 것이다! 만약 우리에게 1세기 교회의 선명한 모델이 있어 지난 1800년 동안 각 시대가 그모델을 지향했더라면 기독교 역사는 송두리째 바뀌었을 것이다. 그랬더라면 가톨릭이나 개신교가 이 땅에 태어나지도 않았을 것이다.

성경에서 끌어낸 한 폭의 온전한 그림이 없는 까닭에 1800년의 기독교 역사는 파국으로 치달아왔다.

"우리는 신약 성경적입니다."라고 말할 때 당신은 1세기의 기독교가 지금 우리의 기독교와 정확히 일치한다고 말하는 것이다. "우리 교회는 성경에서 말하는 교회입니다."라고 말할 때 당신은 현재 우리 교회가 하는 일들이 정확히 1세기 교회가 하던 바로 그 일이라고 말하는 것이다. "하나님의 말씀에 순종한다."라는 우리의 자부심은 1세기 교회를 **억지로** 오늘날의 교회에 짜 맞출 때만이 가능하다. 다시 말해 1세기를 21세기와 조화시키려면 성경을 심각하게 왜곡할 때만이 가능하다는 의미이다. 오직 그렇게 해야만 "성경적이다"라는 말을 당신이 할 수 있는 것이다.

물론 인정한다. 오늘날의 교회를 1세기 교회처럼 여기게 만드는 성경 **구절**들이 있다. 그러나 신약성경 전체를 한 폭의 그림으로 나타냈을 때 그 전경에 오늘날의 교회를 비춰본다면 그 말에 동의할 수 없을 것이다. 아무리 많은 성경 구절들을 끌어와 조합하든지!

이 수수께끼를 해결할 방법이 존재한다.

1세기 교회의 모습이 정말 어땠는지 찾아내라. 그 모습이 당황스럽더라도 뒤로 물러서지 마라. **그런 다음**, 당신이 신앙적인 일로 여기고 지금까지 해오던 모든 일을 잠시 멈추라. 그리고 처음부터, 아예 뿌리로부터 다시 시작하라. 제로 상태에서 시작하여 1세기의 이야기가 끝나는 지점까지 나아가라. 거기서 만나는 **그것을 품으라!**

만약 그 차이가 당신이 알던 바와 미미하다면 당신의 교회가 "거의 성경적이다"라고 선언해도 좋다. 아니라면 다시 시작하시라!

그런데 이 새로운 발견은 어떻게?

3. 이야기

새로운 발견으로 나아가는 길

우리는 어째서 1세기 전경(全景)을 보는 일에 그토록 우둔해졌을까? 처음교회의 모습은 어째서 우리 눈에 그리 멀리 사라지게 되었을까?

이유는 단순하다.

첫째, 우리는 이곳에서 한 구절, 저곳에서 한 구절, 신약성경 구절을 뽑아내 그것을 신학화(神學化)함으로써 1세기 교회를 이해하려 하였다.

두 번째, 바울서신의 순서들이 도저히 이해할 수 없을 만큼 뒤엉켜있다. 뒤죽박죽 배열된 그 편지들[1]을 헤엄치며 그 안에서 한 편의 이야기(전경,全景)를 걸러낸다는 것은 거의 불가능하다. 우리는 지난 1800년 동안의 접근방식을 벗어나 새롭고 혁신적인 방법으로 바울서신에 접근할 필요가 있다. 파노라마처럼 펼쳐지는 1세기 전경(全景)을 볼 때만이 우리는 비로소 처음교회를 이해하게 된다.

구절을 뽑아내기 위해 성경을 뒤적이는 일은 이제 그만둘 때가 되

1) 기록된 순서, 사건 발생순서, 시대, 배경이 전혀 연결되지 않는다. 역주.

었다.

하지만 어디에서 출발해 어디에서 마쳐야 할까?

오순절에서 시작해 1세기 끝까지 나아가라! 1세기 교회에 지대한 영향을 주었던 로마제국 내의 굵직한 사건들을 주목하면서 **1년씩 이야기를 연결해나가라**. 한 해라도 **빼놓으면 안 된다.**2) 거기서 흘러 나오는 한 편의 **이야기**는 **완전히** 새로운 전경을 당신 앞에 펼쳐놓을 것이다.3)

우리가 새롭게 발견하게 될 그 이야기(전경)가 우리의 마음에 드는 것일까? 어떤 이들에겐 그럴 것이다. 그러나 어떤 이들은 차마 그 것을 인정하지 못할 것이다.

그 이야기가 가져올 결과를 우리는 충분히 예상할 수 있다. 1세기에 일어났던 일들을 우리가 실제로 알게 되면 우리의 현재 관행들은 무너질 것이다. "아예 처음부터 다시 시작하자!" 라고 담대히 일어서는 사람도 나올지 모른다. 그런 견지에서 처음교회의 "온전한 모습"을 찾아 나가는 일은 우리에게 말할 수 없이 중요한 작업이다. 우리가 그 이야기를 통해 1세기 교회의 실제 모습을 만나는 순간은 역사상 가장 큰 도전을 맞이하게 될 순간이 될지도 모른다.

---

2) 이 작업을 효과적으로 도와줄 책이 발간되었다. 『유기적 성경공부』 대장간. 역주.
3) 여기에서 "이야기"라는 용어가 반복해서 사용되는 이유가 있다. 이야기 안엔 줄거리가 있고 그 줄거리는 우리 맘속에 이미지를 창조한다. 그렇게 창조된 이미지는 하나의 모범과 모델이 되어 우리를 이야기 속의 실제(reality)로 이끈다. 그것이 '이야기' 가 가진 능력이다. 역주.

4. 사고방식의 힘

오늘날의 사고방식 허물기

사고방식이란 용어보다 언급하기 까다롭고, 다루기 힘들고, 설명하기 어려운 단어는 없는 것 같다.

이 사고방식은 어떤 사람이 성경을 읽을 때도 작용한다. (성경은 이것을 말하고 있지만 한 세대가 가지고 있는 특정 사고방식은 같은 것을 읽으면서 다른 것을 본다.) 아무도 믿음의 대상으로 여기지 않았던 것들이 특정 사고방식에 의해 언젠가부터 믿음의 대상으로 부각되는 경우도 있다.

사고방식이 지닌 위력

가톨릭은 신약성경을 가만히 들여다보며 그 속에서 교황을 찾아낸다. 그들의 눈에는 성경의 페이지마다 교황이 보인다. 복음주의는 신약성경을 가만히 들여다보며 **목사**를 찾아낸다. 그들의 눈에는 성경의 모든 페이지에 어른거리는 목사들이 보인다. 목사들 역시 신약성경을 가만히 들여다본다. 그리고 거기에서 자신들의 활약을 찾아낸다. 우리 역시 다를 바 없다. 우리 눈에는 **현대교회의 관행들**이 성경 구석구석에 기록된 것처럼 보인다. 신학교 교수들은 신약성경을 들여다보며 어떡해서든 거기서 신학교를 찾아낸다!

충격적인가? 그렇다면 위클리프(Wycliff, 1300년대), 틴들(Tyndale), 루터(1500년대)와 같은 이들이 교황의 성경적 권위를 부정했을 때 즉, 성경 안에 교황이 없다는 사실을 말했을 때, 유럽이 그들에게 보였던 반응이 어떠했을지 생각해보라. 그런데, 현대교회 목사들의 관행이 1세기 교회와 신약성경에 없다는 사실을 공개적으로 말했을 때 복음주의가 보이는 반응이 **바로 그 반응**이다! 그러나 그들의 반응과 상관없이 교황과 목사와 신학교는 성경 안에 존재하지 않는다! 아니 그들을 암시하는 대목조차 나오지 않는다.

그런데도 신약성경 속에 교황이 존재하지 않는다는 이 사실을 인정하기까지 종교개혁 이후 3백 년이 걸렸다.(그것도 단지 소수만이!) 목사와 현대교회의 관행들이 신약성경 안에 존재하지 않음을 인정하기까지 앞으로 또 얼마나 많은 세월이 필요할까?

당신의 사고방식으로는 오늘날 교회가 하는 일들이 신약성경 안에 그대로 **기록되어 있어야** 마땅하다. 그러나 그것들은 도무지 성경에서 발견되지 않는 것들이다.

이것이 바로 사고방식이 지닌 위력이다. 당신과 나는 그 사고방식의 지배를 받으며 지금까지 신약성경에 접근해왔다.

우리의 사고방식이 지닌 또 다른 영향력

우리는 성경 구석구석에서 오늘 우리가 하는 그 일들을 찾아낸다.

존재하지 않는 그것들을 당연히 존재하는 것들인 양 성경에서 찾아낼 때 우리에게 어떤 일들이 벌어질지 생각해보았는가? 우리가 제일 먼저 알아야 할 것은 우리가 성경에서 찾아낸 그것들이 실제로는 우리 세대의 독특한 사고방식의 산물임을 이해하는 것이다.

이것은 사실 모든 세대가 안고 있는 문제이다. 실례를 들어 설명해보자.

나는 비종교적인 배경에서 자라나 열일곱 살에 회심을 경험했다. 하지만 회심하기 전, 즉 다섯 살이 되기도 전에 나는 목사, 교회 건물, 주일학교를 신봉할 만큼 기독교에 노출되어 있었다. 한 세대의 사고방식은 그 세대에 속한 이들의 유년 시절부터 이미 깊은 영향을 미치게 된다.

우리 세대가 가진 사고방식 중 하나는 성경에 존재하지도 않는 것들을 성경 안에서 찾아내는 것이다. 신약성경 안에서 현대 기독교 신앙을 뒷받침하기에 필요한 구절들을 뽑아내려는 시도가 그 두드러진 실례이다. 그러한 시도들은 어느 측면에서든 하나님의 말씀을 대하는 바른 방식이 아니다.

우리에게 **먼저** 필요한 일은 기독교의 원형, 모델, **그 이야기**를 아는 것이다. 그렇게 할 때 현대 기독교 관행들을 뒷받침할 자료집 정도로 성경을 대하는 태도에서 벗어나 오히려 현대 기독교의 관행들을 청산할 용기를 거기에서 얻게 될 것이다.

성경에서 우리 믿음의 "모델"을 찾아내려는 시도는 지금까지 존재하지 않았다. 대신 현대판 기독교적 삶을 정당화할 명분으로 신약성경 구절이 이용된 측면이 강하다. 우리는 성경 구절만 있으면 우리가 변호하고 싶은 **어떤 것**이든 변호할 수 있다고 생각한다. 그렇게 함으로써 "우리는 성경적이다."라고 선언할 자격을 얻는 것이다. 그 것은 우리가 마음속에 작정한 어떤 일을 뒷받침하기 위해 성경 말씀을 덧붙인 것 외에 다른 어떤 의미도 부여할 수 없다. 오늘 우리들의 관행은 그리스도인들이 처음에 살았던 그 삶과 별 관련이 없는 것들이다. 지금까지 언급한 이 모든 것들이 우리의 사고방식이 가진 위력들을 들여다보는 하나의 창이 될 것이다.

필수품: 다림줄

1세기 **이야기**는 우리의 사고방식을 허물 수 있다.4) 이야기는 신약성경과 교회를 제대로 이해하기에 필요한 다림줄5)을 우리 앞에 달아 내릴 것이다.

1세기를 배우라. 우리 세대가 신약성경을 이해하는 그 선입견에서 벗어나게 해달라는 기도로 시작하라.

신약성경과 현대 기독교, 그리고 신약성경과 현대교회를 나란히 놓는 것은 거의 불가능한 일이지만 우리는 매일 그렇게 해오고 있다.

그 사고방식에 균열이 시작되어야 한다.

---

4) 끊어지거나 뒤엉키지 않은 한편의 온전한 이야기! 그 안에는 스토리가 들어있다. 그 스토리는 듣는 이들의 마음속에 어떤 그림, 즉 모델을 창조한다. 그 모델이 우리를 원형의 삶으로 견인한다. 저자가 반복적으로 "이야기"라는 용어를 사용하는 이유가 여기에 있다. 역주.

5) 건축 등에서 기울기를 보기 위해 줄을 달아 수직으로 내리는 측량 추. 역주.

이야기를 읽는 모든 그리스도인의 눈에 그 이야기가 불러오는 한 폭의 그림이 **보여야** 한다. **한 편**의 이야기를 주목하라. 교황도, 목사도, 지난 1800년 동안 덧붙여진 어떤 것들도 중요하지 않다. 대신 가슴과 눈으로 그 이야기를 맞아들이라!

치유

이 모든 폐단에서 벗어날 분명한 치유책이 있다. 당신이 담대한 용기를 품고 첫 세기 이야기 속으로 걸어 들어가는 것이다. 우리에겐 처음교회를 말해줄 한 편의 온전한 이야기가 절대적으로 필요하다. 우리가 따라갈 모델, 그 모범이 필요한 것이다. 그리고 거기에 시대의 조류를 거스를 우리들의 용기가 더해져야 한다. 만약 우리가 그렇게 하지 못한다면? 하나님의 말씀은 계속해서 설교 중에 잠깐 등장하는 삽화, 훈화, 논리 전개에 필요한 증거, 비유, 도덕적 교훈, 윤리적 미담, 판타지 여행6)자료로 사용될 것이다. **순서대로 펼쳐진 한 편의 온전한 이야기**는 그 모든 허망한 시도들을 중단시킬 것이다.

그렇다면 당신이 그 이야기를 듣고 보게 되었을 때, 그 이후 펼쳐질 일들은 무엇인가? 가히 충격적인 일이라고 말할 수 있다.

---

6) ex, 계시록에 대한 해석들. 역주.

5. 사실을 알게 된 후에…

당신은 노출되어야 한다.

전통적인 기독교와 그것이 가진 사고방식은 실로 막강한 영향력을 보유하고 있다. 우리를 둘러싼 모든 것들이 주일아침 오전 11시 의식으로 우리를 이끈다.

그 흐름에 공개적으로 이의를 제기하는 순간부터 당신은 심각한 문제에 직면하기 시작한다. "지금 우리의 관행들은 하나님께서 의도하신 바가 아닙니다. 우리는 아예 처음부터 다시 시작해야 합니다."… 라는 당신의 입장이 오픈되는 순간 당신은 위험에 노출되기 시작할 것이다.

당신에게 다가올 운명에 대해 미리 힌트를 준다면 폭스7)의『순교자 열전』(*Foxe's Book of Martyrs*)을 읽는 것이 큰 도움이 될 거라는 사실이다!

이제 공은 당신에게

당신이 1세기를 잘 알게 된다면? 그 새로운 이해가 당신에게 무슨

---

7) John Foxe, 기독교 순교자들을 조사 · 연구했던 영국의 목사 겸 작가. 역주.

영향을 준다는 말인가? 분명한 것은 당신이 지금까지 자연스럽게 받아들였던 현대교회의 관행들에 심각한 의문을 제기하게 될 거라는 사실이다.

이제 어쩔 셈인가? 아니 이렇게 묻는 편이 낫겠다. 만약, 우리가 아무 행동도 취하지 않는다면 상황은 어찌 될 것인가?

또다시 1800년을 기다려야 하는가?

최근까지도 1세기 이야기를 우리에게 들려주는 책은 없었다. 지금까지 1세기 교회의 전체역사가 우리에게 전해진 바는 없다. 당연히 1세기 교회의 **모델**도 없다. 예수 그리스도를 중심에 놓고 함께하는 모임이 어떤 것인지를 가르치는 사람도, 교회의 관행 자체를 아예 다시 시작하려는 사람도, 그러한 용단으로 배수진을 치고 굳건히 버티고 선 믿음의 사람도 보이지 않는다. 2천 년 된 믿음의 역사 속에 처음교회의 이야기를 온전히 말해주는 단 한 권의 책(단 하나의 모델)이 존재하지 않는 것이다.

1800년이라는 시간과 모델의 부재! 이야기의 부재! 온전한 1세기 역사의 부재! 한때 분명 **존재했던** 원형들과 맞선 숱한 관행들, 거기에 대한 저항의 부재! 1세기는 결코 지금의 21세기와 어울리지 않는다!

정확히 1세기 패턴을 따라 교회를 개척하도록 부름을 받은 사람이 우리 중에 있는가! 연대기를 따라 한편의 이야기로 신약성경을 계시해 줄 사람이 우리 중에 있는가! 1세기 교회의 전체 모습을 한 폭의 그림으로 표현할 화가도, 그 전경을 펼쳐 보일 통찰력 있는 사람도 우리에겐 존재하지 않는다.

이제 그 상황은 어찌어찌해서 **당신**에게까지 이르렀고 그 일정 부분의 역할이 당신의 몫으로 주어졌다.

하나님의 말씀이 중요하다는 교훈을 당신은 평생토록 들어오고 있다. 물론 거기서 말하는 하나님의 말씀이란 연대순으로 펼쳐진 한 편의 이야기가 아닌 성경 구절을 의미할 것이다. 그리고 이 "성경 구절"을 연구하고 배우는 일에 우리는 천문학적인 돈을 쓰고 있다. 다른 한편, 그러므로 오히려 담대히 세상을 바꾸는 일에 참여하라는 부르심 또한 그리스도인들에게서 떠난 적이 없다. "가치 있는 일에 헌신하는 것만이 삶의 유일한 이유"라는 초청이 거듭 우리에게 주어지고 있다.

아! 1800년 동안 우리 안에 파고든 성경공부방식, 이 콘크리트처럼 굳어진 방식을 바꾸는 것, 그를 통해 그리스도인이 되어가는 과정을 아예 바꾸어내는 것, 그것이 그리스도인들에게 주어진 바로 그 일이다.

6. 도전

그런데 이게 과연 가능한 일인가?

나는 세상의 가장 손꼽히는 신학교 중 한 곳에서 가장 경건한 분들로부터 가르침을 받았다. 그들 중 몇 분은 내 평생의 동지인 분들도 있다. 그뿐 아니라, 나는 나의 세대까지 생존해계시던 많은 기독교 거장들과 알고 지내며 그들과 함께 일하는 특권까지 누렸다.

그런데도 피할 수 없는 분명한 사실과 마주하고 있다. 그것은 현대 복음주의가 자신들의 관행에 정당성을 부여하기 위해 신약성경 구절들을 **뽑아 쓰려는 의지**가 너무 견고하고 확고부동하며 철벽같아서 그 관행들에 변화를 가져오기가 거의 불가능하다는 사실이다.

그 증거?

팩트(사실): 지난 5백 년 동안 개신교의 관행들에 주목할 만한 변화가 있었는지 점검해보라. 오늘날의 성경공부 방식에 급격한 변화를 가져오기란 거의 불가능해 보인다. 우리가 성경을 공부하는 방식과 그것에 뿌리를 두고 펼쳐지는 기독교 관행들은 항상 병행되는 두 가지 트랙이다. 그중 하나가 바뀌기 전까지 다른 하나가 변하는 일은 결코 없을 것이다.

지금으로부터 천년 후

지금부터 천년 후에도, 현대 복음주의 교회의 관행들은 지금과 별반 다르지 않거나 더 단단히 굳어질 것이다. 그럴 리가 있겠냐고? 로마가톨릭이나 그리스정교회 안에서 **지난 천년 동안** 무슨 변화가 일어났는지 있는 대로 다 긁어모아 보라.

하나님께 부름을 받은 피 끓는 젊은이들에게

나는 누구보다 더 많이 세미나와 성경학교에서 강연을 맡아왔다.

세상에서 가장 열정적인 신학생들이 맹세하는 자리에도 함께 있었다. "우리는 하나님의 말씀에 순종할 것입니다." "우리는 하나님의 백성들을 다시 하나님의 말씀 앞으로 이끌겠습니다." 그들은 또 이렇게도 고백하였다. "내가 말하고 싶은 것보다 성경이 계시하고자 하는 그 말씀을 전파하겠습니다." 그들이 그 고백을 할 때 나는 바로 옆에서 그 모습을 지켜보았던 사람이다.

나는 이 아름다운 고백들을 지난 60년 동안 보고 들었다. 그 60년 동안 2십만이 넘는 신학생들과 목사들이 졸업하였다. 그들 모두가 성경을 확고히 믿는 사람들이다. 그러나 그 2십만 명 중 한 사람도 제도권 교회의 전통을 벗어던진 사람이 없었다. 그들 중 1세기 교회와 비슷한 신자공동체를 일으킨 사람 역시도 없었다.

내가 당신에게 확인하고 싶은 질문은 이것이다. : 모임 안에 있는 모든 이들이 한 몸으로 기능하는 그런 교회를 **세운 다음** 그 교회를 그들 자신에게 위임하고 그 교회를 떠나버린 교회개척자를 본 적이 있는가? 이것이 도무지 있을 수 없는 일로 여겨지는가?! 그렇다면 이 사실을 명심하라. 바울은 그가 세운 모든 교회에서 매번 이렇게 했다!

다른 하나의 질문은 이것이다. : 신학교를 졸업한 수많은 사람! 그들 중에 변화를 추구했던 급진적인 사람들이 얼마나 많이 있었겠는가? 목사들을 길러내는 현대의 신학교육! 그 과정을 통해 얼마나 많은 그리스도의 군사들이 쏟아져 나왔겠는가?

그 열정적인 사람들은 지금 모두 어디에 있는가?

전통을 무너뜨리는 일이란 그만큼 두려운 일임에 틀림없다.

우리가 알게 된 새로운 방식으로 신약성경을 가르치려는 그리스도인이 있다고 생각해보자. 그런데 그 그리스도인이 다름 아닌 바로 **당신**이라고 가정해보라. **당신**이 그 두려운 사실을 전파한다고 생각해보라. **당신**이 주일 오전 기독교 예배에 의문을 제기한다고 생각해보라. 현대교회 목사들의 흔적을 성경 안에서 찾아볼 수 없다는 사실을 **당신**이 다른 신자들에게 공공연히 가르친다고 생각해보라. 오늘날의 신학교육 방식에 도전을 던지는 사람이 **당신**이라고 생각해보라.

그 결과를 충분히 감당할 수 있겠는가? 그럴 수 있다고 생각되면 용기 있게 몇 걸음 내딛어보라. 아무래도 버거운 일로 여겨지는가? 그렇다면 그 대담한 일에 나설 사람들과 연대할 준비를 하고 계시라.

불가능?

이러한 도전을 도모하는 일은 확실히 불가능해 보인다. 나는 불현듯 우리가 60년 전의 그 지점에 여전히 머물러 있음을 깨닫곤 한다. 라디오, 텔레비전, 경제적 부유, 수천이 넘는 신학교와 성경학교, 가정 성경공부, 홈 스쿨, 그리고 많은 가정교회가 존재함에도! 그리고 60년 동안 무수히 많은 신학교 졸업생들이 양산되었을지라도! 그들 모두가 복음을 위해 훈련받았을지라도! 그들 모두가 현대교회의 관행 그대로를 받아들였다. 그들 모두 오늘날의 이 교회를 **지지**하기 위해 신약성경에서 필요한 구절들을 뽑아 쓰고 있다.

당신과 당신의 동료들이 "성경에서 말하는 그리스도인이 되는 오늘날의 방식"을 극복하고 1세기 기독교가 우리에게 계시해준 그 지점으로 나아가기 위해선 충분한 시간이 필요하다.

이 책은 당신에게 단 하나의 질문을 제기한다. : 우리가 정말 성경적인가? 만약 우리가 오늘날의 기독교적 삶과 교회 관행들에 정당성을 부여하기 위해 성경 구절들을 뽑아 쓰는 한 그 대답은 절대적으로 "아니다."에 방점이 찍힌다.

하늘에 계신 가장 높으신 분의 이름으로 부탁드린다. 부디, 1세기 이야기를 발견하시라. 그리고 선언하시라, "한번 그대로 살아보자" 라고!

7. 때가 되었다

당신과 하나님의 말씀

지금부터는 사적으로 당신과 대화하고 싶다. 1세기의 이야기를 배우시겠는가? 1세기 이야기를 배우는 것은 당신의 신앙을 고쳐시켜줄 것이다. 그것은 전혀 위험하지 않다. 그러나 그 이야기를 가르치는 것은 사정이 다르다. 공개적으로 1세기의 모범을 선포하는 것은 문제가 된다. 선포하는 사람이나 추종하는 사람 모두에게 논란을 초래할 것이다.

당신은 약 90% 정도의 친구나 동료들을 잃게 될 것이다. 당신이 목사라면 **오늘** 90%의 회중을 잃을 것이고 **내일** 나머지 5%를 잃게 될 것이다!

당신은 다음 두 가지가 결코 같은 것이 아님을 알 필요가 있다. : "내가 열심히 성경을 연구하여 그것을 전파한다면 나는 하나님의 말씀 앞에 신실한 사람이다." / "내가 속한 교단(종파), 내가 속한 단체, 나의 친구, 나의 동료, 나의 수입을 잃게 될지라도 나는 그 **이야기**를 배울 것이다. 한때 분명히 존재했던 주님의 신부, 그 에클레시아가 돌아올 수 있다면 난 나의 인생과 모든 사역을 거기에 걸겠다!"

60년 후, 지금의 교회와 원래 교회 사이에 벌어진 이 간격은 크게 줄어들지 않을 것이다. 가장 헌신적인 사람들 안에서조차 그 변화는 미미할 것이다. 그것이 내가 내린 결론이다. 당신이 나의 이 결론이 틀렸음을 증명해주길 바란다.

현행 기독교를 벗어나 **아웃사이더**를 고집하는 신학교 졸업생을 나는 만나본 적이 없다. 그 이야기를 배우거나 1세기 모델을 지향하는 사역자들도 만나본 적이 없다. 너무도 선명한 그 이야기를 알고 있는 사람조차 없다. 이 모든 상황은 이제 변할 때가 되었다.

끝낼 것을 끝내고 시작할 것을 시작하기

그 이야기와 모델이 알려진다면? 그 결과는? 나도 모른다. 하지만 그 결과를 보고 싶어서 나는 아직 살아있다. 내 예상? 대부분 그리스도인은 그들의 사고방식으로 그 이야기와 모델조차 희석할 것이다. 그런데도 나는 이 사실을 알고 있다. 적어도 몇 사람은 바뀔 것이다. 그리고 아주 작은 규모의 일들이 시작될 것이다! 일단 시작되면 그때부터는 많은 시간이 필요치 않다! 열 명 또는 스무 명이 삽시간에 백 명이 될 것이다. 백 명은 곧 백만 명이 될 것이고 결국 교회의 역사는 새로운 시대를 맞이할 것이다.

영국의 전통교회 변두리에는 근 6백 년 동안이나 가끔 아웃사이더들이 존재해왔다. 그리고 그들 대부분은 장렬한 죽음으로 최후를 맞았다. 전통교회는 아웃사이더들을 좋아하지 않는다. 전통은 **어떤 변화도** 좋아하지 않는다!

현재 우리가 맞이한 상황은 쉽게 변하지 않을 것이다.

그렇다면 전통적인 교회 안에서 노력해보면 어떨까? 그 안에서 변화를 추구해보면 더 낫지 않을까? 그것은 가당치 않은 소리다. (다른 어떤 이유보다도 우선 수많은 종교사역자가 그들의 수입을 기꺼이 포기하겠는가!) 진정한 변화는 전통이라는 인큐베이터 안에선 결코 시작될 수 없다. 그것은 오직 그 밖에서 시작되는 일이다.

당신에게 성경에서 말하는 것이 무엇인지를 알게 될 순간이 다가올 것이다. 그것은 아주 단순한 사실, 즉 1세기에 도대체 무슨 일이 있었는지를 알 때 실현된다. 그것은 당신이 그 이야기를 알게 되는 순간, 그리고 그 이야기 속에서 하나의 모델이 마음속에 떠오르는 그 순간에 일어나는 일이다. 그와 동시에 당신은 당신 자신이 하나님의 말씀 앞에 신실한지 그렇지 않은지를 스스로 알게 될 것이다.

그 이야기를 추적해 보시겠는가?

당신이 보게 될 그 사실을 가르치고, 행하고, 삶으로 옮길지의 문제는 그 이후 당신에게 달린 사안이다.

성경적인 사람!

그리스도 중심적인 사람!

그 자리로 나아가라. 당신을 어떤 피조물도 막을 수 없다!

하나님의 말씀이 살아 움직이게 하라!

당신이 이 책을 읽었다면, 그리고 그 **이야기**를 알기 원한다면 이제 『유기적 성경공부』를 읽는 것이 좋다.